KB264386

마리아는 우리에게 누구이신가

마리아는 우리에게 누구이신가
2003 초판 | 2003 재쇄
옮긴이 · 정하돈 | 펴낸이 · 이형우
© 분도출판사
등록 · 1962년 5월 7일 라15호
718-806 경북 칠곡군 왜관읍 왜관리 134의 1
왜관 본사 · 전화 054-970-2400 · 팩스 054-971-0179
서울 지사 · 전화 02-2266-3605 · 팩스 02-2271-3605
www.bundobook.co.kr
ISBN 89-419-0306-8 03230
값 7,000원

게르하르트 뮐러·칼 발너
정하돈 옮김

마리아는 우리에게 누구이신가

분도출판사

추천의 말

성모님께 대한 우리나라 교우들의 사랑과 공경은 참으로 각별합니다. 이백여 년 전 이 땅에 처음 천주 신앙이 도입된 지 반세기쯤 지난 무렵, 모진 박해를 무릅쓰고 놀랍게 자라난 우리 신앙 선조들의 공동체는 드디어 북경 교구로부터 따로나 조선 대목구로 자립하기에 이릅니다(1831년). 이렇게 태어난 우리 교회는 그 초기부터 성 요셉과 아울러 성모 마리아를 주보로 모시기를 원했습니다(1841년). 이 땅의 첫 주교좌인 종현鐘峴(明洞) 대성당 역시 원죄 없으신 성모님을 주보로 모셨고, 민족의 광복절인 1945년 8월 15일도 성모 승천 대축일이었으며, 신생 대한민국의 1948년 유엔 승인은 바로 주보 축일인 12월 8일에 어렵사리 이루어졌습니다.

이렇듯 유다른 역사적 연분이 아니더라도, 우리나라 교우들은 마치 어린아이가 믿고 사랑하는 어머니 품에 푹 안기듯 성모님을 늘 마음에 가까이 모시면서 살고 있습니다. 세상이 모두 보고 놀라는 한국 교회의 근래 발전에 크게 이바지한 레지오 마리애의 꾸준한 열성도 분명 하나의 좋은 예입니다.

이처럼 열성적인 신심이 갈수록 건실한 열매를 맺도록, 새삼 성모 "마리아는 우리에게 누구이신가"를 교회의 신비 안에서 진지하게 묵상하고 올바로 깨닫도록 다 함께 힘써야겠습니다. 고맙게도 우리의 이러한 노력에 더없이 든든한 바탕이 되어 줄 귀한 가르침이 있습니다. 공의회의 핵심 교의를 담은 교회 헌장 「인류의 빛」과 이를 마무리하는 제8장 "그리스도와 교회의 신비 안에 계시는 천주의 성모 복되신 동정 마리아"가 바로 그 보고입니다. 공의회는 — 동떨어진 마리아론을 펴기보다 — 우선 신앙의 근거인 성서와 초기 교회의 정통 안에서 교회가 본디 자신을 무엇으로 보아 왔는지를 깊이 생각합니다. 교회란 한마디로 자비의 하느님과 구원으로 불린 인간을 맺어 주는 사랑의 신비체입니다. 그리고 마리아는 나자렛 예수를 통해 그렇게 우리 역사 안으로 들어오시는 하느님을 굳건한 신앙과 자유로운 순종으로 받아들이신 교회의 어머니이십니다. 우리와 같은 인간으로서, 같은 인간이기에 신성神性과 인성人性의 이 신비로운 결합의 접점이자 표징이 되실 수 있었습니다. 마리아가 존재하게 되신 이유는 바로 여기에 있다고 공의회는 가르칩니다. 그렇기에 교회의, 구원된 인류의, 어머니이자 전형으로서 위없는 사랑과 공경을 받으시는 것입니다. 마리아는 "영혼과 육신으로 이미 영광을 받으시어 내세에 완성될 교회의 표상이 되시고 그 시작이 되시는 것처럼 이 지상에서 주님의 날이 올 때까지 순례하는 하느님 백성에게 확실한 희망과 위로의 표지로서 빛나고" 계십니다(교회 헌장 68항).

물론, "하느님은 한 분뿐이시고 하느님과 사람들 사이의 중개자도 한 분뿐이신데, 그분이 바로 사람으로 오셨던 그리스도 예수이십니다. 그분은 자기 자신을 모든 사람을 위한 대속물로 바치셨습니다"(1디모 2,5-6). 마리아의 어머니 임무는 바로 그리스도의 이 유일한 중개의 힘을 드러내어 그리스도와 믿는 이들의 직접 결합을 도와주는 데에 있습니다(교회 헌장 60항). 성모님의 이러한 자리를 여실히 보여 주는 어느 성당에서는 아름다운 성모상을 — 저만치 따로 떼어 우러르는 대상으로서가 아니라 — 신자석 한가운데에, 신자들과 함께, 제대를 향해 모셔 놓았습니다.

성모님께 대한 공의회의 값진 가르침을 우리 시대의 신앙인들을 위해 친절하게 해설한 독일 레겐스부르크 교구 게르하르트 뮐러 주교님의 이 훌륭한 저서를 우리말로 때맞추어 잘 옮겨 주신 정하돈 수녀님과 이를 기꺼이 펴내 주신 분도출판사의 노고가 성모님을 사랑하고 공경하는 우리 모두에게 큰 보탬이 되기를 진심으로 기원합니다.

2003년 사순절

장 익 주교

| 벼 리 |

실마리
2차 바티칸 공의회의 의도

그리스도인이 예수의 어머니께 관심함은 옳은가?

온 교회의 전통은 이 물음에 그렇다고 대답한다. 하느님의 강생에 "예" 하고 응답함으로써 마리아는 그리스도교 신앙과 그리스도인 실존이 무엇인지 본을 보이신다! 마리아는 신앙의 원형이요, 따라서 또 신앙인 공동체인 교회의 원형이시다. 2차 바티칸 공의회는 교회에 관한 교의 헌장 「인류의 빛」[1]에서 가톨릭의 마리아 교리와 마리아 공경 전통을 붙들어 교회 이해의 전체 맥락 속에 들여놓았다.

통틀어 보건대 이 공의회는 교회가 현대 세계를 지나치게 두려워하는 담쌓기에서 벗어나려는 노력이었다고 할 수 있다. 다시 원천으로들 돌아가자고 했다. 성서

---

[1] 2차 바티칸 문헌은 여러 가지다. 헌장 넷, 교령 아홉, 선언 셋이다. 아래에서 이 문헌의 우리말 번역문을 따올 때에는 『제2차 바티칸 공의회 문헌 〈개정판〉 라틴어 대역』(한국천주교중앙협의회 2002년)에서 베낀다. 특히 교회에 관한 교의 헌장 「인류의 빛」*Lumen Gentium*은 "교회 헌장"으로 약칭하며, 직접 인용의 항목 표기에서는 약칭마저 생략한다.

의, 교부들 가르침의, 위대한 중세 신학의 원천으로,
또 전례와 영성의 원천으로도. 마리아론도 이른바 "특
권 마리아론"[2]이라는 옹색해진 시각에서 해방하자는 것
이 공의회의 의도였다. 마리아를 그리스도와 교회와 인
간에 관한 성서 구원사와 관련해서 바라보고자.

그래서 당초 예상과 달리 공의회는 "마리아"라는 주
제를 단독 문헌으로 다루지 않고 교회 헌장에 마지막 8
장(52-69항)으로 편입했다. 그러므로 이 "마리아 장"은
앞 장들과도 구체적으로 관련지어 읽어야 한다. 특히
바로 앞 7장에서 교회의 마지막 시대 전망 속에 끼여
있는 성인 공경은 마리아 공경과 사실상 한묶음이다. 8
장의 제목인즉 "그리스도와 교회의 신비 안에 계시는
천주의 성모 복되신 동정 마리아" — 마리아론의 벼리
를 잡아 준다.

공의회가 이렇게 마리아론을 그리스도론과 교회론에
묶는다는 것이 가리키는 요점인즉, 마리아론이 나오는
근원은 마리아를 예수 그리스도 당신과 그분의 구원 사
업에 연결짓는 데 있다는 것이다. 또 그리스도께서 늘

---

[2] "특권 마리아론"Privilegien-Mariologie이란 마리아가 원죄에
물들지 않고 잉태되었다는 교의("무염 시태")와 마리아의 육
신이 하늘로 불려 올라갔다는 교의("몽소 승천")를 일방적으
로 강조하는 것을 가리키는 말이다. 이렇게 되면 마리아
개인이 "특권" 인물로 돋보이는 나머지, 신자들과 교회에
대한 마리아의 관계는 온통 빛이 바래지고 만다.

머리이실 수밖에 없고 보면, 이 머리에 당연히 그분의 몸인 교회도 속하게 마련이라는 것이다. 각 부분에서 공의회는 연관성이 있되 절대 완벽한 것은 아닌 마리아론을 제시하고자 한다. 가톨릭 신학에서 아직 쟁점인 문제들에 대해 아무것도 결정하려 하지 않는다. 일치 운동을 고려하면서 갈라진 그리스도인들의 오해를 피할 표현들을 찾는다.

마리아 장의 구성

이 헌장의 여느 장들에 비하면 매우 방대한 8장은 다시 다섯 절로 짜여 있다.

Ⅰ절〔52-54항〕 "서론": 구원사상 마리아의 역할로 시작된다. 마리아는 빼어나게 은총과 구원을 입었으므로 모든 피조물의 반열에서 으뜸가는 자리에 계시다. 이를 삼위일체 하느님께 대한 마리아의 자리매김과 관련지어 공의회는 마리아를 성부의 딸이요 성자의 어머니이며 성령의 지성소 혹은 신부시라 한다.

Ⅱ절〔55-59항〕 "구원 계획과 복되신 동정녀의 임무": 세상에 대한 하느님의 구원 행위에서 마리아께 맡겨진 임무를 기술한다.

Ⅲ절〔60-65항〕 "복되신 동정녀와 교회": 마리아와 교회의 신비가 상호 조명하는 관계를 다룬다. 널리들

마리아를 "모든 은총의 중개자"라는 식으로 일컫는 바를 두고 공의회는 먼저 그리스도의 유일하고 갈라질 수 없는 중개를 지적한다. 그러나 곧이어 마리아께 대해 "중개자"라는 종래의 칭호가 의미하는 바를 밝힌다.

IV절〔66-67항〕 "교회의 복되신 동정녀 공경": 2차 니케아 공의회(787년)와 트렌토 공의회(1563년)를 원용하면서 마리아 특별 공경의 옳음을 성인 일반 공경과 관련지어 강조한다.[3] 동시에 공의회 교부들은 "공경"과 "흠숭"欽崇이라는 개념의 근본적 차이를 역설한다. 흠숭인즉 하느님께만 맞갖은 까닭이다.

V절〔68-69항〕 "하느님의 순례하는 백성에게 확실한 희망과 위로의 표지가 되시는 마리아": 마리아 승천 교리를 일반적 완성의 전망에 들여놓는다. 하늘에 올림을 받으신 하느님의 어머니는 미래 세계의 표상이며 시작이시다. 최종적으로 이루어질 하느님 나라에서 교회가 완성될 것을 가리키는 지표시다. 지나가는 이 세상에서 살아가는 하느님 백성에게 희망과 위안의 표지시다. 순례하는 하느님 백성을 위한 마리아의 전구傳求는 성인 공동체("모든 성인의 통공") 속에서 이루어진다. 이 전구와 기도가 이바지하는 궁극 목적인즉 교회가 봉사하는 구

---

[3] 전래 용어로 말하면, 보통 성인들께는 "공경지례"恭敬之禮(cultus duliae)를, 특별히 하느님의 어머니께는 "상경지례"上敬之禮(cultus hyperduliae)를 바친다고 한다.

원의 전폭적 실현에 있다. 헌장은 서두(1항)에서 교회를 가리켜 "그리스도 안에서 성사와 같다"고 했다. "곧, 하느님과 이루는 깊은 결합과 온 인류가 이루는 일치의 표징이며 도구"라고. 이제 헌장 마무리에서는 교회가 새로운 하느님 백성으로서 마리아와 함께 모여 평화와 화합 속에 지극히 거룩하신 삼위일체 하느님께 영광을 드리게 될 것을 가리킨다.

아래에서는 마리아에 관한 이 공의회 증언을 한 항목씩 신학으로 해석하고 영성으로 묵상하고자 한다.

52항: 지극히 자비로우시고 지혜로우신 하느님께서는 세상 구원을 완수하시려고 "때가 찼을 때 당신의 아들을 보내시어 여자의 몸에서 나게 하시고 … 우리에게 당신의 자녀가 되는 자격을 얻게 하셨다"(갈라 4,4-5). "성자께서는 저희 인간을 위하여, 저희 구원을 위하여 하늘에서 내려오셨으며, 또한 성령으로 인하여 동정 마리아에게서 육신을 취하셨다."

그 구원의 신비가 우리에게 계시되고 주님께서 당신 몸으로 세우신 교회 안에서 지속되고 있다. 그 안에서 신자들은 머리이신 그리스도와 결합되고 그분의 모든 성인과 일치하여 먼저 "우리 주 천주 예수 그리스도의 어머니이시며 영광스러운 평생 동정이신 마리아를" 기억하며 공경한다.

공의회는 여기서 마리아 교리와 마리아 공경을 그리스도교의 근본 교의 안에 자리매긴다. 즉, 최종적으로 당신을 전달하신 성부 하느님과 사람이 되신 성자 예수 그리스도와 성령 안에.

이를 위해 마리아와 관련된 가장 오래된 성서 구절(갈라 4,4-5)을 따온다. 마리아라는 이름은 없이 사도 바울로의 갈라디아서(55/57년 집필)에 나오는 말씀이다. 하느님이 당신 아들을 보내어 여자의 몸에 태어나게 하셨다고. 이 일이 "때가 찼을 때" 일어났다고.

예수는 상상 인물이 아니다

강생이 사실임은 예수께서 역사상 인간 마리아에게서 태어나심으로써 보증되어 있다. 예수의 어머니 마리아는 참으로 사람이시다. 한 신화에 나오는 상상 인물이 아니다. 또 따라서 마리아에게서 태어나신 하느님 사람(神人)도 상상 인물이 아니다. 하느님이 사람이 되셨다는 것은 역사상 사실이지, 하느님이 가까이 계심을 어슴푸레 느끼는 종교적 감정을 읊조리기 위한 상징이 아니다. 예수의 강생과 탄생, 십자가와 육신 부활은 실제로 세계사에 속하는 사실이다. "유대인에게는 걸림돌이요 이방인에게는 어리석음"(1고린 1,23)일 수밖에 없는 그런.

인간의 신앙 응답

하느님의 강생 자체가 목적은 아니다. 강생은 우리가 예수 그리스도를 통해 그분 안에서 그분과 함께 하느님의 자녀가 되게 하시려는 하느님의 구원 의도를 계시한다. 하느님이 우리 모두를 그느르심을. 우리 사람들 쪽에 새로운 활력을 풀어내어 당신 삼위일체 생명에 은혜로이 참여하도록 이끌고자 하심을.

믿음의 기틀인 이 생각을 공의회는 "긴 신경"[4]의 한 핵심 문장으로 매조진다. 강생 사건이 인간 구원을 위하여 성령에 의해 마리아에게서 일어났다고. 구원의 주도권은 물론 오로지 또 온전히 하느님 당신께 있지만, 그것이 피조물에 걸맞게 구현된 곳은 인간 마리아다. 마리아는 스스로 믿고 자유로이 "예"로 응답하여, 한 여자로서 깊은 내면에서 성부의 영원한 성자이신 한 인간의 어머니가 되실 수 있었다. 이렇게 구원의 신비는 한편 항존하는 하느님의 구원 주도와 다른 한편 인간의 신앙 응답으로 이루어진다.

바로 이 구원의 신비가 교회 안에 지속되고 있다. 오늘도 그리스도인마다 자유로이 몸바치며 하느님의 구

---

[4] 이 신경信經(신앙 고백문)은 니케아(325년)와 콘스탄티노폴리스(381년)에서 열린 처음 두 공의회에서 유래한다. 『가톨릭 기도서』(한국천주교중앙협의회) 122-3쪽 참조.

원 주도에 인간의 신앙으로 응답해야 하기 때문이다. 분명히 의식하든 않든 그리스도인 자신의 신앙은 하느님의 아들이 우리의 구원을 위해 사람이 되시게 한 저 첫번 "예" 말씀을 늘 따르게 마련이다. 첫 신앙인으로서 이 구원자의 어머니는 신앙 공동체로서 그리스도의 몸인 교회의 첫 지체시다. 교회의 원형으로서 마리아는 신앙인들의 어머니로도 일컬어지실 수 있다. 교회가 마리아를 우러름은 구원 신비의 핵심을 생생히 기림을 뜻한다. 한갓 사사로운 믿음에 치레로나 곁들이는 것이라며 따돌려서는 안 될 일이다.

마리아 교리는 하느님이 어떻게 구원을 실행하시는가에 대해 중요한 시각을 열어 준다. 하느님의 강생이 예수의 어머니 마리아의 자유로운 신앙 응답이라는 표징 속에 이루어진다는 것은 하느님이 당신 구원 행위에서 인간의 행동을 배제하지 않고 채택하여 당신 구원 계획의 실현에 끌어들이신다는 것을 말해 준다. 구원이란 인간이 하느님의 인도로 자유로이 피조물로서 자기 가능성들을 완성하기에 이른다는 뜻이다.

오라치오 젠틸레스키(1563∼1639) 「천사의 예고」
마리아는 하느님의 강생에 "예"라고 말씀하심으로써
그리스도교 신앙과 그리스도인 실존이 무엇인지를
모범적으로 보여 주신다.

53항: 동정 마리아께서는 천사의 예고로 하느님의 말씀을 마음과 몸에 받아들이시어 '생명'을 세상에 낳아 주셨으므로 천주의 성모로 또 구세주의 참 어머니로 인정받으시고 공경을 받으신다. 당신 아드님의 공로로 보아 뛰어난 방법으로 구원을 받으시고 아드님과 불가분의 긴밀한 유대로 결합되시어, 천주 성자의 모친이 되시고 따라서 성부께서 가장 사랑하시는 딸이 되시며 또한 성령의 궁전이 되시는 이 최고의 임무와 품위를 지니고 계신다.

이 뛰어난 은총의 선물로 마리아께서는 하늘과 땅의 다른 모든 피조물보다 훨씬 앞서 계신다. 그러나 동시에 구원받아야 할 모든 사람과 함께 아담의 혈통 안에 결합되어 계실뿐더러 "분명히 (그리스도의) 지체들의 어머니이시다. … 왜냐하면 저 머리의 지체인 신자들이 교회 안에서 태어나도록 사랑으로 협력하셨기 때문이다". 이 때문에 마리아께서는 교회의 가장 뛰어나고 유일무이한 지체로서 또 믿음과 사랑 안에서 교회의 가장 훌륭한 전형과 모범으로서 존경을 받으시며, 가톨릭 교회는 성령의 가르침을 받아 자녀다운 효성으로 마리아를 가장 사랑하는 어머니로 받든다.

교회 헌장 53항에서 공의회는 마리아 신앙과 마리아 신심의 근본 바탕을 펼친다. 이 항목은 공의회 본문 전체의 해석을 위해 그야말로 열쇠 구실을 한다. 그 기본 실마리로 공의회는 마리아의 의미를 이중 관점에서 자리매긴다. "그리스도의 신비 안에"도 "교회의 신비 안에"도. 따라서 이 항목에서는 두 관계가 요점 내용이다. 그 하나는 삼위일체 하느님과 그분의 역사상 구원 활동에 대해 마리아의 일신에만 해당하는 개인적 관계요, 다른 하나는 교회에 대한 마리아의 원형적 관계다.

하느님의 아들에 대한 인간 어머니의 "예"

우선 공의회는 한 아기의 수태란 한 여자의 몸과 혼이 아울러 직접 어머니가 되는 전인숤人적 사건임을 강조한다. 동정녀 마리아는 "하느님의 말씀을 마음과 몸에 받아들이셨다"고. 바로 마리아의 경우에도 수태라는 생물학적 측면에 아기와 어머니 자신의 관계가 내포되어 있다. 마리아가 몸을 가짐은 태어날 아기에 대한 마음가짐에 자리잡았다.

마리아는 천사의 예고를 받던 순간에도 자신이 낳을 아기가 사람이 될 삼위일체 하느님의 제2위이심을 분명히 알지야 못했겠지만, 그런데도 움츠림 없는 자세를 보이셨다. 점지된 한 인간 아기가 "메시아"요 따라서 독특한 의미로 "하느님의 아들"이라니, "죄에서 구원하실 분"(마태 1,21)이요 "하느님이 우리와 함께 계시다"는 뜻인 "임마누엘"(마태 1,23)이며 유다 백성과 이방 민족들에게 구원을 가져다주실 분(루가 2,30-32)이라니, 기꺼이 그분께 생명을 선사하겠노라고.

마리아의 아들은 참으로 "하느님의 아들"

예수 공생애의 활동과 십자가상 운명이 진행되고 또 부활이 이루어져서야 비로소 "하느님의 아들"이라는 메시아 칭호란 구원자 직분만이 아니라 예수의 깊은 내면 실존을 가리킨다는 것이 분명해졌다. 예수의 인간 실존은 그 근원이 우리가 "영원한 말씀" 혹은 성부의 "영원한 성자"라고 부르는 하느님 당신의 내면에 있다.

아드님 예수의 근본에 대한 이런 완전한 통찰은 마리아께도 점점 자라고 익어 갔다. 의심 없이 마리아는 믿음의 길을 걸었고, 아드님 예수를 따름으로써 그분이 아버지의 계시자이심을 깨닫기에 이르셨다. 예수에게서 아버지 하느님 당신이 몸소 드러나심을, 또 따라서 예수는 영원한 본질에 속하는 "하느님의 아들"이심을 알아보실 수 있었다(갈라 1,16; 로마 1,3-4; 8,3; 필립 2,6-11 참조).

예수는 ― "성령으로 말미암아 신명이 나서"(루가 10,21) ― 하느님을 남다른 뜻으로 "나의 아버지"라고 부르신다는 사실을 상기할 일이다. 여기서 하느님의 내면 실존이 아버지와 아들과 성령의 관계로 계시된다. "아버지께서 제게 모든 것을 넘겨주셨습니다. 그래서 아버지 말고는 아무도 아들이 누구인지, 또 아들과 아들이 계시해 주려는 사람말고는 아무도 아버지께서 누구이신지 알지 못합니다"(루가 10,21-22; 참조: 마태 11,25-27).

마리아는 참으로 "하느님의 어머니"

에페소 공의회(431년)는 "테오토코스"θεοτόκος(하느님을 낳으신 분), 즉 "하느님의 어머니"라는 마리아 칭호를 공인했다. 2차 바티칸 공의회는 이 칭호를 본디 뜻대로 취하여 마리아를 "하느님의 또 구세주의 참 어머니"vera Mater Dei ac Redemptoris라고 일컫는다. "하느님의 어머니"라는 칭호를 신학으로 바르게 이해하면 무슨 뜻일까?

성서에 한 시사가 담겨 있다. 친척 엘리사벳이 마리아를 "주님의 어머니"(루가 1,43)라고 부른다. 여기서 "주님"이란 인사 예법상 상투어가 아님을 주목할 일이다. 구약 성서에서 "주님"이란 하느님 당신을 호칭하는 말이다. 이 하느님의 이름이 예수께 적용되고, 따라서 마리아가 "주님의 어머니"로 지칭된다.

하느님 안에서 영원한 성부로부터 영원한 성자가 나오심에 참여했다는 의미로 마리아가 "하느님의 어머니"

시라는 것은 물론 아니다. 이런 뜻이라고 해서야 오해도 이만저만이 아니다! 마치 성부와 성모가 한 자식의 부모이고 그래서 그 자식을 하느님의 아들이며 사람의 아들이라고 부를 수 있는 양, 그런 혼동스런 방식으로 하느님 아버지와 하느님의 어머니 마리아라는 말을 사용해서는 안 된다. 하느님의 부성과 마리아의 모성은 워낙 차원이 다르다. 분명히 구별되어야 한다.

우선 그리스도의 신성神性을 보자. 신성에 따라 영원한 말씀이신 성자는 삼위일체 안에서 오로지 성부에게서 나오신다. 325년 니케아 공의회의 신경에서는 성자를 성부에게서 "나신" 분이라 하는데, 이는 영원한 성자가 성부의 피조물이 아니라 신성으로는 성부와 같은 분이심을 표현하려는 말이다. 하느님은 영원한 신성 내면의 낳으심에 의해 예수의 아버지시다.

반면에 마리아가 예수의 어머니심은 영원한 성자가 마리아에게서 인간의 실존 방식을 취하셨다는 의미에서다. 마리아는 기꺼이 자기 자식에게 인성人性을 취하게 함으로 말미암아 예수의 어머니시다.

그런데 이 두 "본성"natura이, 오로지 성부 하느님에게서 나오는 신성과 마리아에게서 오는 인성이 예수 그리스도의 일신persona("위격")에 내적으로 하나가 되어 있다. 신성과 인성이 하나이신 분을 이룬다. 마리아는 이를테면 한 인간 본성만을 낳은 것이 아니라 본디 인간 실존의 뿌리에서부터 영원한 말씀과 일치되어 계신 아드님을 낳으셨다. 그러므로 성자가 마리아에게서 인간 실존을 취하고자 하신만큼 진정한 의미로도 마리아는 성자이신 "하느님의 어머니"라고 말할 수 있다. "하느님의 어머니"라는 칭호는 마리아의 아드님이 신성과 인성으로 나누일 수 없는 하나이신 분임을 분명히 말해 준다.

"뛰어나게" 구원받으신 마리아

마리아도 인간 누구나처럼 하느님에 의한 구원이 필요하다. 그런데 인간의 구원은 추상적으로만 이루어지는 것이 아니다. 한 인간에게 구원이란 그 사람 나름의 생애와 임무에 관련하여 그의 삶에 하느님 나라의 실현이 적중하게 되는 그런 일이다. 하느님이 선사하시는 보편적 은총과 그리스도의 몸인 교회의 건설에서 일어나는 은총 생활의 특별한 실현 사이에는 이렇게 내적 관계가 있다. 무릇 "각자에게 영을 드러내는 은사가 베풀어지는 것은 공익을 위해서"(1고린 12,7)다. 그리스도인은 저마다 그리스도의 몸을 이루는 지체로서 "하느님이 각자에게 나누어 주신 믿음의 몫에 따라"(로마 12,3) 다른 그리스도인들과 교회 전체에 봉사해야 한다.

마리아께 적용하면 이것은 마리아가 하느님 아들의 어머니가 될 빼어난 임무에 비추어 "뛰어나게"sublimiore modo 구원받으셨다는 뜻이다. 공의회가 마리아의 "뛰어난" 구원을 말하는 것은 구원을 양적으로 드높이자거나 함부로 특권을 부여하려는 것이 아니다. 사람이 저마다 능력대로 교회와 세상에서 하느님 나라 실현의 임무와 사명을 수행하도록 선사받는 그런 구원 은총의 특별한 형태를 가리킨다.

하느님이 마리아께 베푸시는 해방과 구원은 마리아가 하느님의 강생과 예수 생애의 동행에서 자기 임무를 자유로이 받아들이실 수 있다는 사실로 드러난다.

삼위일체 하느님과 마리아

공의회는 마리아의 뛰어난 구원이라는 생각에서 더 나아가 하느님의 삼위에 대한 마리아의 특별한 관계를 말하기에 이른다. 성부께 비추어 보면, 마리아는 모든 피조물과 구원받고 은총입은 인간 누구나처럼 "딸"이라고 일컬어질 수 있다. 예수 그리스도를 통해 그분 안에서 여자나 남자나 사람들은 아버지께 대한 예수의 아들 관계에 동참한다(갈라 4,4-6; 로마 8,15.29 참조).

하느님의 아들에 대한 관계에서는 모든 그리스도인이 예수의 "형제요 자매"라고 불릴 수 있다. 마리아와 아드님의 관계는 물론 비할 데 없이 유일한 모성에 의해 결정되어 있다. 마리아는 "하느님 아들의 어머니"시다. 그런데 성서에 전승된 의미로는 "하느님의 뜻을 실천하는" 사람 누구나가 예수의 "형제요 자매요 어머니"다(마르 3,25). 그러므로 영적 의미로는 하느님의 아들이 그리스도인들에게서, 즉 신자들의 마음과 증언과 그리스도인다운 삶의 실천에서 늘 새로 탄생하신다고 말할 수 있다.

끝으로, 신앙을 통해 마리아는 성령과 특별히 친밀한 관계를 맺으셨다. 우리 마음에 사랑으로 쏟아져 계신 하느님 당신이 성령이시다(로마 5,5 참조). 성령은 인간 자신의 내면에서 하느님과의 깊은 친분이 가능하게 함으로써 인간을 말하자면 하느님의 "성전"과 "지성소"로 삼으신다. "인간의 마음에 성령이 깃드심"이라고들 일컫는 이 친분 관계가 성서에서는 종종 신랑과 신부의 관계에 비유되기도 한다. 하느님이 이처럼 친숙하게 우리와 가까이 계시므로 영혼은 마치 하느님, 특히 하느님 성령께 신부와 같다고.

"앞서 계신" 마리아

사람이 되신 하느님 아들의 어머니라는 임무가 마리아께 주어진 구원 은총을 특별히 규정짓는다. 이것이 삼위일체 하느님과 마리아 개인의 각별한 관계도 근거짓는다. 그러므로 마리아가 "하늘과 땅의 모든 피조물

보다 훨씬 앞서" 계시다는 공의회의 말을 공간적 우위
의 의미로 여느 피조물보다 드높이 계시다는 뜻이라고
보아서는 안 된다. 마리아가 드높으심은 실질적 우위의
의미로 마리아의 임무가 빼어나기 때문이다.

하느님과 피조물 사이의 거리를 결정짓는 것은 본성
의 차이만이 아니라 하느님께 대한 직접 관계의 차이
다. 천사는 인간보다 하느님의 영적 실존에 더 직접 참
여하는만큼 인간보다 높은 피조물이다. 인간과 함께 천
사는 영적 피조물계에 속한다. 그러나 하느님이 인간
마리아를 뽑아 그 온 삶을 하느님 강생과 인간 구원에
봉사하는 자리에 두심으로 해서 마리아 자신만의 하느
님 관계가 이루어진다. 이 은총이 비할 데 없이 뛰어나
기 때문에 마리아는 모든 영적 피조물보다 높은 자리에
이르신다.

교회가 마리아는 "앞서" 계시다고 말한다 해서 여기
에 현세적 특권 사고를 앞세우려는 뜻이 있는 것은 아
니다. 마리아의 우위는 마리아야말로 아드님과 교회를
더 섬기신다는 바로 거기서 입증된다.

교회의 원형

교회는 예수의 활동에서 제자 공동체로 생겨나며, 예
수 부활 후에는 "그리스도 안에서 성사와 같다. 교회는

곧 하느님과 이루는 깊은 결합과 온 인류가 이루는 일치의 표징이며 도구"(1항)다. 그런데 공의회는 마리아를 신앙의 원형이시라고 일컫는다. 마리아 자신이 그리스도의 몸인 교회의 유래와 미래를 위한 모범상, 교회의 "전형"typus이시다. 마리아 자신이 신앙의 원형이요 교회의 전형이시라면, 마리아는 교회 밖에 계신 개인이 아니다. 교회 "옆"이나 "맞은편"의 기념비가 아니다.

마리아 자신도 그리스도께서 "사랑하여 자신을 넘겨주셨던, … 물로 씻어 말씀으로 깨끗하게 하고 거룩하게 하시어"(에페 5,25-26) 당신 몸으로 얻어 내신 그런 교회의 지체시다. 이 그리스도의 행업은 당신 몸인 교회 전체에도 또 이 몸의 지체인 그리스도인 각자에게도 관련된다.

공의회는 아우구스티노 성인이 쓴 「거룩한 동정 생활」(6항)에서 따온 문장으로 그리스도와 마리아와 교회와 그 지체들 사이의 관계를 설명한다. 마리아가 존재의 첫 순간부터 원죄에 물들지 않고 태어나셨다는, 교황 비오 9세가 1854년에 선포한 교의는 마리아도 인간 누구나처럼 구원이 필요했으며 예수 그리스도의 행위를 통해 구원 은총을 받으셨다고 말한다. 다만 마리아는 여느 아담의 자손들처럼 원죄에서 해방된 것이 아니라 — 예수의 역사상 구원 활동에 비추어 — 원죄의 탓에서 예방되셨다고.

그렇다고 아담의 탓에 의해 결정되어 있던 마리아와 모든 인간의 연대성이 끝나고 마는 것은 아니다. "모든 것이 은총"(Georges Bernanos)임을 알기에 마리아는 선사받은 그리스도의 은총을 여느 사람들과 멀리서 일신의 특권으로 이용하려 하시지 않는다. 마리아께 은총이란 언제나 동시에 인류의 구원에 더 크게 봉사하기 위한 사명이다.

교회의 지체이자 어머니

마리아가 참으로 그리스도의 어머니라면, 믿음으로 말미암아 마리아는 또 어떤 의미로 그리스도 제자들의 어머니시다. 제자들은 예수의 선포에 의해 믿음에 이르러 예수와 생활 공동체를 이루는 사람들이다. 예수와 제자들 사이의 일치와 차이를 표현하기 위해 성서 필자들은 "머리"와 "몸"이라는 표상어를 가져다 썼다. "그리스도께서 선사하시는 분량대로 은총이 우리 하나하나에게 주어졌습니다. … 성도들이 섬기는 일을 하며 그리스도의 몸을 세우도록 길러 내시어 우리 모두가 하느님의 아드님에 대한 믿음과 지식에 일치해서 완전한 사람이 되고 그리스도의 충만한 경지에 이르도록 하시려고 말입니다. 이제 우리는 … 사랑으로 참되이 살며 머리이신 그리스도를 향해 온전히 자라나야 합니다. 그분한테서 온 몸이 영양을 받아서 모든 기관이 관절들을 통해 연결되고 결합되어 각자 맡은 일을 하고, 그리하여 몸은 자라고 또 자라서 사랑으로 스스로를 세우게 됩니다"(에페 4,7-16).

마리아는 교회인 그리스도의 몸에서 한 지체시다. 그러면서도 그리스도의 어머니이므로 남달리 빼어나게. 이런 의미로 공의회는 마리아를 믿음과 사랑에서 "교회의 가장 훌륭한 전형과 모범"이시라고 이해한다.

예수 그리스도와 교회를 갈라 놓을 수는 없으므로, 마리아의 어머니 구실은 예수 개인에게만 미치는 것이 아니다. 믿고 따름으로써 예수와 함께 사는 공동체에 들어선, 예수의 남녀 제자들과도 연관된다. 그래서 교회의 머리이신 예수 그리스도의 어머니를 신앙인들의 어머니, 교회의 어머니시라고도 일컬을 수 있다. 그렇다고 마리아가 그리스도와 "나란히" 계시다는 말은 아니다. 마리아는 그리스도의 몸에서 그 지체들과 연대하여 계시면서, "다윗의 고을에 구원자가 태어나셨으니, 곧 주님 그리스도이시오"(루가 2,11)라는 믿음을 북돋우신다.

54항: 그러므로 거룩한 공의회는 하느님이신 구세주께서 구원을 이룩하시는 교회에 관한 교리를 설명하면서, 한편으로는 강생하신 말씀과 그 신비체의 신비 안에서 복되신 동정녀의 임무를, 또 한편으로는 그리스도의 어머니이시고 인류의 어머니이시며 특히 신자들의 어머니이신 천주의 성모님께 대한 구원받은 사람들의 의무를 성실하게 밝히고자 한다. 그러나 마리아에 관한 완벽한 교리를 제시하거나 신학자들의 노력으로도 아직 완전히 밝혀지지 않은 문제들을 종결시킬 마음은 없다. 그러므로 거룩한 교회 안에서 가장 높으신 그리스도 다음으로 높고 우리에게 가장 가까운 자리를 차지하고 계시는 그분에 대하여 가톨릭 학파들에서 자유로이 제시되는 견해들은 당연히 유지된다.

앞뒤 항목들에 비하면 이 54항에는 신학적으로 특별히 풍부한 내용이 없다. 공의회는 다만 또 한번 그 발설 의도를 밝히고 "그리스도와 교회의 신비 안에 계시는 하느님의 어머니 마리아"에 관한 그 가르침의 해석 기준과 한계를 알린다. 해석의 틀은 교회론이다. 바로 교회를 통해 예수 그리스도께서 주님으로서 성령 안에서 인간을 위해 구원 활동을 하신다는 것이요, 교회의 증언과 봉사를 통해 인간들에게 말씀하신다는 것이다.

이런 맥락에서 하느님의 강생 때 생겨난 마리아의 임무가 거론된다. 또 신앙과 생활 공동체요 그리스도의 몸인 사회로서 그 사명을 띠고 있는 교회에 대한 마리아의 임무도.

구원받은 사람들의 마리아께 대한 "의무"

공의회는 그리스도와 교회에 대한 마리아의 임무를 말하되 마리아께 대한 구원받은 이들의 의무도 말한다. 무슨 뜻인가?

마리아는 그리스도의 어머니요 사람들의 어머니시다. 특히 믿음과 고백을 통해 분명히 의식적으로 그리스도와 결합되어 있고 그래서 "신자"라고 불리는 사람들의 어머니시다. 그러나 마리아와 그리스도인들의 관계는 마리아의 임무와 특별한 사명만이 부각되는 일방

통행이 아니다. 신자들이 은총의 복음과 우리 인간을 향한 하느님 사랑의 소식을 마리아의 신앙 실존과 삶에서 드러난 것처럼 자신의 것으로 삼고자 한다면, 자신들도 마리아께 대한 분명한 관계를 발전시켜야 한다. 마리아 신심을 의식적으로 가꾸는 일도 옹근 신앙 생활에 속한다.

마리아께 대한 "의무"는 믿고 섬기고자 하신 마리아의 자발적 태도를 지향하고 십자가 아래까지 따라가신 마리아의 예수 추종을 본받는 데 있다. 교회의 전례 생활에 분명히 나타나는 마리아 공경은 그 자체가 목적이 아니다. 여기서 성부와 성자와 성령께 대한 우리 자신의 관계가 믿음과 소망과 사랑으로, 따름과 섬김으로, 순종과 신뢰로 깊어진다.

새로운 마리아 교리가 아니다

이 항목에서 공의회는 교도직을 행사하여 신학적으로 완벽한 마리아 교리를 제시할 의도란 없음을 명시한다. 경우에 따라서는 물론 그런 것이 교회 교도직의 임무에 속한다. 신앙 고백문 해석의 쟁점 문제를 결정짓고 온갖 왜곡을 거슬러 신앙을 분명히 해석하며 신앙의 역사에서 도달한 공통 인식에 대해 일반적 구속력도 선언하는 그런 일이 공의회들에서 나타날 때야말로 특히 그렇다. 2차 바티칸 공의회는 그러나 교리 발전을 추진하거나 새로운 교조를 제시할 의도가 없었다. 그보다는 전통으로 존립하는 것을 새로이 표현하고자 했다.

이 의도가 여기서도 강조된다. 신학 논쟁에 직접 개입하지는 말자는 것이다. 전통 속에는 과연 여러 가지 신학적 사고 형태와 논증 방식과 철학적 견지들이 있다. 예컨대 동방과 서방 교부들의 차이, 토마스 아퀴나스나 둔스 스코투스에 따라 전개된 신학들의 차이들을 생각해 보라. 방향들이 다르다 보면 개인적 통찰이 일반적 구속력을 지닌 교회의 신앙과 혼동되고 교도직의 권위가 개별 신학파에 의해 부당하게 격하될 위험도 있다.

공의회가 스스로 마리아론 분야의 여러 다른 "학파 견해"들을 꼽으면서 무슨 결정을 내리려 하지는 않는다. 그러나 여기서 마리아의 구원 협력이라는 가르침을, 마리아 발현들에 나타난 사적 계시의 더 분명한 의미를, 마리아 공경의 구실을 그리스도교 신앙 의식의 개별적이며 전체적인 얼개 속에서 생각해 볼 수는 있다. 공의회는 바른 잣대를 보존하고자 한다. 공의회가 마리아 교리와 마리아 공경을 위한 나침반으로 제시하는 것은 그리스도교의 근본 교의, 즉 인간 각자와 인류 전체의 진리요 구원이요 생명이신 삼위일체 하느님의 자기 전달이다.

　　마리아에 관해 있을 수 있는 모든 것을 아노라거나
말하려 하지 않는다는 것은 옳다. "당신을 밴 태와 당
신께 젖을 먹인 가슴은 복됩니다" 하는 외침에 예수는
"오히려 하느님 말씀을 듣고 지키는 사람들이야말로 복
됩니다"라고 대꾸하신다(루가 11,27-28). 하느님의 말씀
을 들음이야말로 마리아와 하느님 관계의 정곡을 찌른
다. "주님의 종입니다. 말씀대로 저에게 이루어지기 바
랍니다"(루가 1,38).

구약 성서에 예언된 구세주의 어머니

55항: 구약성서와 신약성서 그리고 존귀한 성전은 구원 계획 안에서 맡으신 구세주 어머니의 임무를 갈수록 더욱더 분명하게 밝혀 주며 마치 눈앞에 보여 주듯이 제시하고 있다. 참으로 구약성서는 그리스도께서 세상에 오심을 느린 걸음으로 준비하는 구원의 역사를 서술하고 있다.

교회 안에서 제대로 읽혀지고 충만한 마지막 계시에 비추어 이해되는 그 초기 문서들은 구세주의 어머니인 여인의 모습을 한 걸음씩 더욱 분명하게 밝혀 주고 있다. 여기에 비추어 보면, 죄에 떨어진 첫 조상들에게 주어진 약속, 뱀을 이기리라는 승리에 대한 약속(창세 3,15 참조) 안에 그 여인의 모습이 이미 예언적으로 어렴풋이 그려지고 있다.

마찬가지로, 이 여인은 그 이름이 임마누엘이라 불릴 아들을 잉태하여 낳을 동정녀이다

(이사 7,14; 미가 5,2-3; 마태 1,22-23 참조). 그 여인은 신뢰로 주님께 구원을 바라고 받는 주님의 비천하고 가난한 사람들 가운데에서 빼어난 분이다. 약속의 오랜 기다림 뒤에, 마침내 빼어난 시온의 딸인 이 여인과 더불어 때가 차고 새로운 계획이 시작되었으며, 그 때에 하느님의 아들이 이 여인에게서 인성을 받아들이시어 당신 육신의 신비로 인간을 죄에서 해방시키셨다.

이 단락은 마리아 장인 교회 헌장 8장에서 어떤 자리에 있는가? 공의회는 서론인 52-54항에서 이미 마리아의 의미를 구원 역사 속에서, 또 교회와 그리스도인 각자의 삶 속에서, 그것도 그리스도와 그분 교회의 신비를 배경으로 해서 기술했다. 이제 II절인 55-59항은 "구원 계획과 복되신 동정녀의 임무"라는 제목 아래 이어진다. "구원 계획"oeconoimia salutis이라는 말이 구원 역사, 즉 성서가 우리에게 전하는 대로의 인간에 대한 하느님의 구원 행위만큼이나 중요한 의미를 띤다.

55항은 마리아를 이해할 수 있는 유일한 근거인 구원사의 맥락에 관해 개요를 제시한다. 그런 다음 56항에서는 나자렛 예수의 어머니이신 역사상 인물 마리아의 신학적 의미를 해석한다. 공의회는 예수 그리스도 당신과 그분의 생애로 세상 안에 세상을 위해 더할 나위 없이 최종적으로 현존하게 된 구원 역사에서 마리아가 아주 특정된 자리에 계심을 지적한다.

구약 성서에 나타나는 하느님의 구원 계획

공의회 교부들은 구약과 신약의 관계를 약속과 완성이라는 지나치게 단순한 틀 속에 다져넣기를 지혜롭게 막았다. 구약과 신약의 상관 관계란 하느님 쪽에서 한 약속을 하시더니 수백 년 기다림 뒤에 마침내 이행하셨다는 것처럼 그리 간단한 것만은 아니다. 그러면서도 두 계약이 함께 하느님 구원 계획의 단일성을 증언한다. 예수 그리스도로부터 되좇아 하느님이 당신 선민과 온 인류에 대해 뜻하시는 단 하나인 구원 의지의 일관된 실마리가 풀려 올라가게 된다.

하느님의 구원 계획을 마치 자동 기계가 굴러가듯 세계사 속에 진행되는 것처럼 이해해서는 안 된다. 하느님은 세상 만사에서 최고권을 쥐고 주도하면서도 인간의 자유와 책임을 배제하시지 않는다. 오히려 반대다. 바로 인간의 자유에 호소하여, 인간의 신앙적 헌신과 봉사 자세와 희생심에 관여함으로써 당신 구원 의지를 역사 속에 실현하신다. 하느님은 인간을 당신 구원 의지와 자기 계시의 담당자로 부르신다.

구약 성서에서 여기 특별히 꼽힐 수 있는 이들로 성조들, 계약의 전달자인 모세, 판관들, 왕들, 사제들, 예언자들이 있고, 각기 충실과 신앙을 통해 하느님 백성에게 계약 충성과 하느님 사랑의 빛나는 모범과 증인이 되었던 경건자들도 있다.

하느님 구원 사업의 협력자인 여인들

인간들이 통틀어 하느님 구원 의지의 수행에 참여하게 되므로, 여인들도 자기 나름으로 하느님의 구원 계획에 봉사하도록 부름받았다는 것은 절로 분명하다. 하나만은 아니지만 구약 성서에서 특별히 돋보이는 여인들은 야훼의 구원 약속이 주어지거나 구현되는 아이의 어머니들이다. 예컨대 아브라함의 아내 사라는 이사악을 낳는데, 이사악은 하느님이 모든 후손을 위해 영원한 계약을 맺으시리라는 약속의 아들이다. 그래서 사라도 신앙의 아버지 아브라함처럼 계약 약속의 증인이 된다. 사라야말로 "이스라엘 신앙의 어머니들"에 꼽히기에 손색이 없다. 하느님이 사라(= "여주인")를 두고 아브라함에게 이렇게 말씀하신다. "내가 그에게 복을 내려 너에게 아들을 낳아 주게 하리라. 그에게 복을 내려 많은 민족의 어미가 되게 하고 그에게서 민족들을 다스릴 왕손이 일어나게 하리라"(창세 17,16).

판관 시대의 빛나는 구원자상인 삼손도 큰 곤경 속에서 아이 못 낳는 여자에게 선사된다(판관 13,1-25). 여기서 또 물론 한나도 꼽힐 수 있다. 석녀인지라 자식이 없던 한나는 주 하느님께 자신의 자식 없는 참상을 굽어보사 사내아이를 점지해 주십사고 간절히 애원했다. 하느님은 한나의 간청을 성취시켜 주셨으니, 한나는 남편 엘카나에게서 이스라엘의 큰 예언자요 지도자가 될 아들 사무엘을 얻었다.

한나의 찬가 ― 「마니피캇」의 원형

여기서 인간의 능력과 자만에 바탕하여 세상에 들어오는 것이 아니라 약하고 가난한 사람들을 끌어올리는 그런 하느님의 우월성이 드러난다. 하느님은 도움이 필요한 처지에서 온전히 또 오로지 당신께 신뢰하는 그런 사람들의 간청을 성취시켜 주시며 그럼으로써 그들을 희망의 표지로도 삼으신다.

한나의 찬가(1사무 2,1-10)는 그 정신도 문자도 「마니피캇」이라는 마리아의 찬가와 맞물린다.

"야훼님, 당신만이 거룩하시옵니다. 야훼님 당신말고 하느님이란 없사옵니다. …

아이 못 낳던 여자는 일곱 남매를 얻고, 아들 많던 어미는 기가 꺾이도다. 야훼께서 죽이기도 살리기도 하시매, 죽음의 나라로 떨어뜨리기도 거기서 끌어올리기도 하시도다. 야훼께서 가난하게도 가멸지게도 하시니, 쓰러뜨리기도 일으키기도 하시도다. 땅바닥에 쓰러진 약한 자를 일으키고 잿더미에 뒹구는 가난한 자를 들어 높여, 귀인들 곁을 가리키며 영광의 자리를 주시도다. 땅의 밑동은 야훼의 것, 그 위에 세상을 지으셨으니, 당신을 따르면 그 걸음걸음을 지켜 주시지만, 불의하게 살면 앞이 캄캄해져 말문마저 막히도다. 사람이 제 힘으로는 승리하지 못하는 법, 야훼께 맞서는 자는 깨어지도다. 야훼는 땅 끝까지 심판하시는 분, 당신이 세우

신 왕에게 힘을 주시며, 기름부으신 임금을 이름 떨치
게 하시도다."

메시아의 어머니를 기다림

　그리스어 번역본 이사야서 7,14에 따르면 "임마누
엘"이란 "하느님이 우리와 함께 계시다"라는 뜻인데,
이 이름을 가진 왕손이 동정녀에게서 탄생하리라는 약
속도 못지않게 같은 맥락에 속한다. 여기서도 인간의
판단으로는 가망없어 보이는 처지가 나타나며, 이런 상
황 속으로 하느님이 구원하는 말씀을 하시고 구원하는
활동을 보내신다. 마태오 복음사가는 이 "임마누엘" 칭
호를, 실상 구약 성서의 구원 역사 안에서는 끝내 가려
진 채인 "우리와 함께 계시다"라는 이 말을 약속된 메
시아로서 성령을 통해 잉태되어 동정녀 마리아에게서
탄생하신 예수 그리스도께 연결짓게 된다.

　배경이 조금씩 다르기는 하지만, 예언녀 드보라(판관
4,4-10), 야엘(판관 4,17-25), 아비가일(1사무 25장), 유딧,
에스델 같은 위인 구원자상들도 바로 인간의 약함 속에
서 하느님의 크심을 드러내게 되는 그런 은총 입은 여
인들의 대열에 속한다.

　구약 성서 구세사의 온 흐름에서 원칙적으로 여자가
마지막 시대 예언자 또는 구세주 메시아의 어머니가 될

가능성이 보인다. 흥미롭게도, 약속된 구원 중개자들은 이미 늘그막인 남편과 돌계집이라는 아내 사이에서 태어난다. 이 부부들은 기도로 애원할 수밖에 없다. 오로지 순수한 믿음으로 하느님의 권능에만 기대는 거기서, 인간의 생식과 수태라는 자연력에 대한 신뢰는 사라져 버린 바로 거기서 여자가 아이를 낳게 된다.

구약 성서의 어머니들

　복음사가는 아이를 낳을 수 없는 즈가리야와 엘리사벳 부부에게 세례자 요한이 선사되리라는 약속 이야기로써 이 구약 성서 전통을 취하여 마지막 시대 메시아와 구세주의 어머니 마리아께 직결시킨다. 마리아의 동정성은 아무것도 자신에게서 기대할 수 없고 아무것도 스스로 이룰 수 없는 가난뱅이 무지렁이들을 두루 아우르는 개념이다. 마리아는 하느님의 약속 관철에 온전히 또 오로지 신뢰하는 사람들을 싸안아 대표하신다.

　마리아는 구약 성서 불임 혼인의 선례들도 뛰어넘어 하느님의 말씀이 진리임을 믿기에 바로 교회 신앙의 어머니시다. 당연히 그럴 법한 모든 사정도 무릅쓰고 마리아는 자신이 "남자를 알지 못하는"(루가 1,34)데도 구세주의, 임마누엘의, 메시아의, 하느님 아들의 어머니가 될 것을 믿으신다.

구약 성서에서는 자주 암시로만 하느님의 행위를 틀 짓는 일종의 "구조" 속에 엿보일 수 있던 바가 마리아한테서는 더없이 인상 깊게 드러나 있다. 하느님의 구원 능력을 믿는 신앙은 예측하고 파악할 수 있는 자연 법칙과 인간 능력에 의존하지 않는다. 신앙은 인간이 하느님의 약속에 신뢰하는 거기서, 아예 증거와 확실성이라고는 내세울 수 없는 바로 거기서 비롯된다.

환호하는 시온의 딸

우리는 이렇게 큰 대열을 이룬 구약 성서의 신앙 인물들 속에서, 특히 구원 약속을 받은 아이의 어머니로서 온 이스라엘의 신앙 응답에 참여하는 여인들 가운데서 마리아를 볼 수 있다. 이 여인들은 믿음을 통해 "딸 시온"이라는 온 이스라엘에 대한 하느님의 활동을 표출한다. 그래서 그들에게 환호가 제격이다. "딸 시온아, 환호하라. 이스라엘아, 환성을 질러라. 딸 예루살렘아, 마음껏 기뻐하며 즐겨라. … 야훼께서 네 가운데 계시나니, 너를 구해 주시는 용사시다. 너를 보고 기뻐 반색하시니 그 사랑 새삼스러워라. 너를 반기며 명절처럼 더덩실 춤추시누나"(스바 3,14-17).

딸 시온의 이 환호와 행복이 친척 엘리사벳의 반기는 말에서 "주님의 어머니"(루가 1,43)께 적중한다. "복되도다, 믿으신 분, 주님이 해 주신 말씀이 이루어지리니!"
(루가 1,45) 천사의 예고도 같은 분위기다. "기뻐하시오,
은총을 입은 이! 주님이 함께 계십니다. … 두고 보시
오. 잉태하여 아들을 낳을 터이니 … 그분은 크게 되어
지극히 높으신 분의 아드님이라 불리실 분이요, 영원히
야곱 가문 위에 임금님이 되어 끝없이 다스리실 분이
오"(루가 1,28.31-33).

그래서 복음사가에 따르면 마리아는 엘리사벳의 인
사에 대답하여 「마니피캇」이라는 찬가(루가 1,46-55)를
읊으신다.

"내 혼이 주님을 기리고 내 영이 구원하시는 하느님
을 반겨 신명났거니, 정녕 당신 종의 비천함을 굽어보
셨도다. 보라, 이제부터 만세가 나를 복되다 하리니,
권능을 떨치시는 분이 내게 큰 일을 하셨도다. 그분 이
름 거룩하도다. 그분 자비가 세세대대로 당신을 두려워
하는 이들에게 미치리로다. 당신 팔로 힘을 행사하시어
심사 교만한 자들을 흩으셨도다. 권세 부리는 자들은
권좌에서 내치시고 비천한 이들은 들어올리셨으며 굶
주린 이들은 좋은 것으로 채워 주시고 부요한 사람은
빈손으로 떠나보내셨도다. 언약하신 자비를 기억하시
어 정녕 당신 종 이스라엘을 거두어 주셨도다. 우리 조
상들에게 말씀하신 대로 자비가 아브라함과 그 후손에
게 영원토록 미치리로다."

공의회는 이런 맥락의 깊은 뜻을 올바로 길어 내어 마리아에 대해 이렇게 말한다. "약속의 오랜 기다림 뒤에, 마침내 빼어난 시온의 딸인 이 여인과 더불어 때가 차고 새로운 계획이 시작되었으며, 그 때에 하느님의 아들이 이 여인에게서 인성을 받아들이시어 당신 육신(즉, 인간으로서의 지상 생애)의 신비로 인간을 죄(즉, 구원을 잃고 하느님과 먼 처지)에서 해방시키셨다."

56항: 자비로우신 하느님 아버지께서는 예정된 어머니의 동의가 강생에 앞서 이루어져 마치 어느 모로 여인이 죽음에 이바지한 것처럼 그렇게 또한 여인이 생명에 이바지하기를 바라셨다. 이것은 예수님의 어머니에게서 가장 탁월한 의미를 지니는 것이다. 그 어머니는 모든 것을 새롭게 하는 생명 자체를 세상에 낳아 주셨고 하느님에게서 이 위대한 임무에 맞갖은 은혜를 받았다. 그러므로 거룩한 교부들 가운데에서, 천주의 성모님을 온전히 거룩하신 분, 죄의 온갖 더러움에 물들지 않으신 분으로, 이를테면 성령께서 빚어 만드신 새로운 인간이라고 부르던 관습이 널리 퍼졌다는 것은 결코 놀라운 일이 아니다.

잉태되시는 첫 순간부터 더없이 뛰어난 성덕의 빛을 가득히 받으신 나자렛의 동정녀께서는 하느님의 명령으로 소식을 알리는 천사에게서 "은총이 가득하신 분"이라는 인사를 받으시고(루가 1,28 참조) 하늘의 사자에게 친히 대답하셨다. "이 몸은 주님의 종입니다. 지금 말씀대로 저에게 이루어지기를 바랍니다"(루가 1,38). 이렇게 아담의 딸이신 마리아께서는 하느님 말씀에 동의하시어 예수님의 어머니가 되셨고, 온전한 마음으로 아무런 죄의 거리낌도 없이 하느님의 구원 의지를 받아들이시고, 주님의 종으로서 당신 아드님의 인격과 활동에 당신 자신을 온전히 바치시어, 전능하신 하느님의 은총으로 아드님 밑에서 아드님과 함께 구원의 신비에 봉사하셨다.

그러므로 거룩한 교부들이 마리아께서 순전히 피동적으로 하느님께 이용당하신 것이 아니라 자유로운 신앙과 순종으로 인류 구원에 협력하신다고 여기는 것은 당연하다. 이레네오 성인이 말한 대로, 그분께서는 "순종하시어 자신과 온 인류에게 구원의 원인이 되셨다.” 그러기에 적지 않은 옛 교부들이 자신의 설교에서 그와 함께 기꺼이 주장하였다. “하와의 불순종으로 묶인 매듭이 마리아의 순종을 통하여 풀렸다. 처녀 하와가 불신으로 묶어 놓은 것을 동정녀 마리아께서 믿음을 통하여 풀어 주셨다.” 그리고 하와와 비교하여 마리아를 “살아 있는 이들의 어머니”라 부르고, 더 자주 이렇게 주장한다. “하와를 통하여 죽음이 왔고, 마리아를 통하여 생명이 왔다.”

"구원 계획과 복되신 동정녀의 임무"라는 II절의 큰 테두리 속에서 공의회는 56항으로 마리아 일생의 결정적 장면에 이른다. 바로 앞의 55항에서는 구약 성서의 미래 메시아 대망과 동시에 하느님 구원 계획의 실현을 위한 이스라엘 어머니들의 역할이 지적되었거니와, 이제 이 배경 앞에서 하느님 아들의 강생으로 이루어지는 구원사상 하느님 도래의 완성을 위해 인간 마리아가 응답하시는 "예" 말씀의 옹근 뜻이 펼쳐질 수 있게 된다.

원죄와 구원

마리아의 "예" 말씀에 실린 온 비중을 드러내어 강조하고자 공의회는 한 대조를 이루는 인물에게 눈길을 돌린다. 즉, 여자요 어머니로서 불행 역사의 시초에 자리하는 하와 — 마리아한테서 사람으로 태어나실 하느님 아버지의 아들 예수에 의해 극복될 인물이다.

물론 공의회가 인간의 시초와 첫 인간 부부 아담과 하와에 관한 이 성서 이야기를 되짚는 것은 인류 종족사의 유래와 발전에 관해 거론될 수도 있는 그런 생물학적 토론에 이바지하려는 것이 아니다. 이미 구약 성서부터가 우주와 인간의 자연과학적 시각을 제공하는 양으로 해석되기를 바라는 그런 것이 아니다. 구약 성서의 관심인즉 세상과 인간의 창시자이신 하느님과 인간의 근본 관계에 있다. 구약 시대 신앙인들은 불행의 역사 한가운데서 구체적으로 하느님을 체험하면서 거기서 인간 자신을 이해했고, 이 불행이 인간에게서 나오며 또 따라서 인간에 의해 으레 다시 생겨나게 마련임을 인식했다. 바로 이런 통찰을 묘사하는 것이 인간 자신의 모습에 대한 성서의 설화, 즉 아담(= 인간)과 하와(= 산 이들의 어머니)의 이야기다.

성서의 생각을 바르게 알아듣기 위해서는 낙원이란 역사상 입증될 수 있는 인류 태초의 상태였다는 상상을 경계해야 한다. 낙원은 이를테면 "극락 정토" 비슷한 것이 아니다. 중요한 것은 인간이 자기 자신을 이성과 자유의 존재로 이해하게 되자마자 하느님과 인간이 또 인간들 서로가 사랑을 나누는 그런 본래의 일치와 친교 공동체 속에서 자기 자신을 체험했다는 것이다. 인간 앞에는 이제 두 갈래 길이 열려 있게 되었다. 하느님과 이웃을 사랑하는 뜻으로 자신의 자유를 실현할 것인가, 아니면 이 사랑을 거부할 것인가? 이를 거부함으로써 인간은 동시에 자기 자신에게도 또 따라서 생명과 구원의 일치를 체험하는 원천이신 하느님께도 잘못을 저질렀다.

아담과 하와의 모습에 함께 나타나는 이 인간상에서 구원이냐 불행이냐라는 역사관이 비롯될 수 있었다. 구원이냐 불행이냐를 성서의 언어로는 "생명"이나 "죽음"

이냐로 표현하기도 한다. 이 개념들은 단순히 생화학적인 용어보다 큰 뜻이 있다. 여기서 "생명"이란 주어진 기회를 붙들 자유를 적극적으로 구사하여 하느님과 이웃이랑 더불어 사랑의 공동체를 이루기에 이르는 것을 가리킨다. 역사의 태초부터 이 주어진 공동체의 기회를 놓친 선조들이 그 후손인 인간들도 규정지어 놓았다. 불가피하게도 인간은 자기에게 주어진 하느님의 은총을 향해 자기 자유를 적극적으로 사용함에 근원적으로 제약이 있다.

거꾸로 구원과 치유는 하느님이 인간을 두둔하여 만인을 대표하는 예수의 사랑 찬 자기 봉헌으로 인류 역사에 새 출발을 이루어 놓으심을 뜻한다("새로운 창조"). 여기서 인간은 자유를 적극적으로 사용할 힘을 얻게 된다. 그래서 바울로 사도는 "그리스도께서 자유를 위해 우리를 해방하셨습니다"(갈라 5,1)라고 쓴다. 하느님의 구원 행위란 하느님이 인간을 나쁜 처지에서 좋은 처지로 옮겨놓으신다는, 말하자면 ― 아마도 인간의 의지를 거슬러서까지 ― 수렁에서 끌어내신다는 그런 뜻이 아니다. 하느님과 인간의 만남은 언제나 일신상 직접 대화의 사건이다. 은총이 인간의 자유를 거스르거나 제쳐놓고서 이루어지는 일이란 없다. 인간의 자유야말로 "성사", 즉 은총스런 쇄신과 구원의 표지요 수단이다.

마리아의 해방된 자유

이렇게 설명되는 맥락에서 볼 때, 어째서 아담의 죄와 인간 각자 자신의 죄들에서 구원되는 것이 목표인 하느님의 강생을 말할 때 인간의 자유, 즉 마리아의 자유가 그토록 강조되는지도 분명해진다. 하느님의 강생은 구원 사건이므로, 마리아는 순전히 피동적으로 — 한갓 도구처럼 — 이용되기만 하셨을 리 없다. 그렇다면야 자유의 존재라는 인간의 존엄성에 모순될 것이다. 그렇게 상상한다면야 그리스도교 하느님 상도 흐려질 터이다.

마리아와 예수의 모자 관계에는 항상 — 그 생물학적 육신이라는 측면에서도 — 하느님 당신과 마리아 자신이 대화하시는 만남이 새겨져 있었다. 이 점을 묵상하고 숙고한 결과로, 또 하나의 통찰이 박진하게 다가오게 되었다. 곧, 마리아가 이 자유로운 "예" 말씀을 하실 수 있었던 까닭인즉 우리가 스스로 수행하는 자유의 부정적 조건에서 마리아는 해방되어 계셨기 때문일 수밖에 없다는 그런 결론이다. 마리아가 아담 혹은 하와의 허물에서 해방된 이 자유를 교회는 1854년에 공식 천명했다. 마리아는 이미 인간으로 현존하는 첫 순간부터 성령의 특별한 활동을 통해 아들 예수의 장래 구원 행위를 내다보며 "원죄의 흠"에서 해방되어 계셨다고.

하와와 마리아

마리아에게서는 하느님 은총과 인간 자유의 협력이 여러 측면에서 본보기로 나타난다. 자유를 부정적으로 사용함으로써 하느님의 은총을 잃어버렸던 "옛 인간" 아담과 만인을 대표하여 순종함으로써 당신을 믿는 모든 이에게 자유의 근원이 되신 역사상 인물 나자렛 예수를 대비하는 것을 근거로, 공의회는 이제 여러 교부에게서 나타나는 것처럼 하와와 마리아를 대비할 수 있게 된다. 하와가 은총을 물리침으로써 불행 역사의 원형이 되었듯이, 마리아는 역사상 인물로서 은총을 자유로이 받아들이신 까닭에 하느님과 인간의 새로운 역사가 시작되는 자리에 계시다. 이 역사가 은총과 사랑과 자유의 능력과 활기로 새겨지면서, 영원한 사랑의 생명 안에 계신 하느님과 친교하는 공동체 속으로 흘러들게 된다.

그리스도인 신앙의 기초와 원천이 예수 그리스도와 성령의 업적에만 있는 것은 아니다. 마리아의 자유로운 응답도 언제나 그리스도인 실존의 바탕에 깔려 있다.

57항: 구원 활동에서 성모님과 아드님의 이 결합은 그리스도의 동정녀 잉태 때부터 그분의 죽음에 이르기까지 드러난다. 먼저 마리아께서 서둘러 일어나 엘리사벳을 찾아가시어 그이에게서 약속된 구원을 믿으셨으니 복되시다는 인사를 받으시고, 선구자가 어머니의 태중에서 기뻐 뛰놀던 때에(루가 1,41-45 참조), 또 천주의 성모님께서 당신의 완전한 동정성을 감소시키시지 않고 오히려 성화하신 당신의 맏아드님을 목자들과 박사들에게 기꺼이 보여 주시던 성탄 때에 그 결합이 드러난다.

성전에서 가난한 이들의 제물을 바치시며 주님께 아드님을 봉헌하셨을 때에, 성모님께서는 또한 아드님이 장차 반대를 받는 표적이 되고 어머니의 마음이 칼에 찔릴 것이며 많은 사람의 마음에서 숨은 생각이 드러나게 되리라는 시므온의 예언을 들으셨다(루가 2,34-35 참조).

어린 예수님을 잃고 애태우며 찾던 그 부모는 성전에서 당신 성부의 일에 열중하시던 예수님을 발견하였으나 아드님의 말을 이해하지 못하였다. 그러나 그분의 어머니는 이 모든 것을 당신 마음에 깊이 새겨 간직하셨다(루가 2,41-51 참조).

주님 탄생 예고 장면을 신학적으로 분석한 앞의 56항
에서 마리아와 하느님 관계의 근본을 이미 말했음은 두
말할 나위도 없다. "은총이 가득하신 분"(루가 1,28)이라
는 마리아를 향한 인사와 "이 몸은 주님의 종입니다.
지금 말씀대로 저에게 이루어지기를 바랍니다"(루가
1,38)라는 마리아의 응답은 은총과 자유의 협력을, 하
느님이 당신 자신을 내놓으신다는 것과 인간이 자기 자
신과 온 삶을 하느님의 뜻에 온전히 내맡길 수 있다는
것을 거의 더할 나위 없이 잘 보여 준다. 여기서야말로
마리아의 삶과 활동, 존재와 사명, 본질과 의미가 적확
하게 파악된다. 그런데 이 기본 결단이 앞으로 마리아
의 삶에서 예수 생애와 운명의 길에 뗄 수 없는 관계로
맺어져 있다. 이제 이 점을 신앙으로 감지하고 신학으
로 궁리하며 밝혀낼 차례다.

예수의 숨은 삶과 마리아

다음 58항에서는 마리아가 예수의 공생애 활동에 참
여하신 데 관한 발설들이 다루어지게 되는가 하면, 여
기 57항에서 공의회는 베들레헴과 나자렛에서 지낸 예
수의 숨은 삶에 대해 성서에 주어져 있는 바(이른바 "유
년 사화"들)에 한정짓는다. 잘 알려져 있다시피 마태오(1
장과 2장)와 루가(1장과 2장)의 전사前史들에서 예수의 유

년기와 청년기에 대해 사소하지 않은 역사상 회상들이 전해진다. 두 복음사가는 여기서 연대기라는 의미로 "역사"를 쓰고자 하지 않는다. 예수 유년기와 청년기의 각 장면을 짐짓 신앙 고백 이야기로서 이해시키려 한다. 여기서 복음서가 청취자와 독서자에게 열어 보이는 것은 예수의 유래이자 사명이다. 즉, 예수는 하느님으로부터 오신 분이요, 동시에 메시아로서, 죄를 풀어 주시는 속량자로서, 세상을 건져 주시는 구세주로서, "하느님이 우리와 함께 계시다"라는 임마누엘로서, 또한 메시아 왕으로서 보냄받으신 분이라는 것이다.

그런데 이 맥락에서 흥미롭게도 두 복음사가는, 특히 루가야말로, 분명히 마리아에 관해 말한다. 예수의 경우와 똑 마찬가지로 여기서도 복음사가의 관심사는 한 모자 관계에서 주어진 회고할 만한 사실들을 낱낱이 전기傳記처럼 적어 놓는 일이 아니다. 복음사가들은 예수를 그분의 구원 의미라는 면에서 표현하고자 한 것처럼 마리아에 관해서도 구원 행위를 하시는 예수와 결합되어 계신 만큼만 이야기한다. 예수의 활동을 위해 마리아가 이처럼 중요한 의미가 있다는 것은 "예" 말씀에서, 마리아의 자유에서 나오는 당연한 결론이다. 이것은 한편 하느님의 은혜로운 약속이 이루어진 결과요, 또 한편 하느님의 일하심이 세상에서 눈에 보이게 드러나는 방법이다. 그래서 공의회는 마리아의 품안에서 그리스도께서 동정녀께 잉태되신 순간부터 죽음에 이르기까지 구원 사업에서 예수의 어머니가 아드님과 결합하여 계시다고 말할 수 있게 된다.

우선 마리아와 엘리사벳이 만나는 장면에서 이것이 나타난다. 여기서 이 두 여인의 인사에 반영되는 세례자 요한과 예수의 비교를 상기할 수 있는 것도 확실하다. 요한은 예수를 가리키며 그럼으로써 구약의 방향 전체를 예수께로 집약하여 절정에 이르게 한다. 그처럼 엘리사벳도 구약 시대 마지막의 큰 신앙인으로서 신약 시대 시작의 신앙 인물을 칭송한다. 바로 이 마리아에게서 "하느님과 인간 사이의 중개자"(1디모 2,5)가 태어나셨으므로.

동정녀에게서 탄생하심

공의회는 더 나아가 마리아의 동정성이 해산하고도 존속한다고 말한다. 이 주제는 직접 성서에 나오는 것이 아니라, 마리아의 동정 잉태와 해산을 신앙으로 숙고하던 교부들의 시대에 형성되었다. 공의회는 여기서 마리아의 임신에서 분만까지 출산 과정의 생물학적 상태에 관해 상세히 설명하기를 피한다. 잉태에서 마리아의 동정성이 순전히 육신 차원에만 귀착될 수는 없는 — 물론 그것도 배제하지는 않는 — 옹근 사람의 하느님 관계를 표현하듯이, 이 해산에서 마리아의 동정성이란 아드님에 대한 마리아 자신의 신앙 관계가 여기서도 오롯이 지속함을 뜻한다. 이 관계는 마리아의 육신성에도 적중하며 또 이를 내포한다.

역사의 시초에는 하느님 관계의 장애가 여러 구체적 생활 영역에서 — 노동과 산고와 고생과 사멸의 부담으로 — 힘을 떨쳤던가 하면, 이제는 거꾸로 하느님이 가까이 계시다는 반가운 체험이 몸 속까지 사무치는 은총의 새 시대가 나타난다. 예수께서 동정녀 마리아에게서 태어나시는 거기서야말로 이것이 눈에 보이게 드러난다. 바로 그래서 공의회는 예수의 탄생으로 마리아의 동정성이 약화하지 않고 오히려 "성화"했다고 말한다. 예수 그리스도께 현존하는 하느님 구원의 체험이 마리아께 속속들이 사무쳤다는 뜻이다.

이어서 공의회는 목자들과 "동방에서 온"(마태 2,1) 현자들이 구세주 예수와 만나는 두 성서 장면으로 접어든다. 목자들은 물론 이스라엘 백성을 대표한다. 메시아가 오시기를 기다리던 가난하고 겸손한 시골 사람들이다. 예수 아기의 구유 곁에 나타난 동방 현자들은 이미 만인과 만민이 구원에 부름받았다는 것을 보여 준다. 삶의 의미와 구원의 하느님을 찾는 그들의 추구가 예수에게서 그 목표를 발견한다. 그들이 집에 들어가 아기와 그 어머니를 뵙고 아기 앞에 "엎드려 절했다"(마태

2,11)고 지적하는 대목도 이런 뜻으로 알아들을 수 있다. 마리아는 여기서 말하자면 널리 이방 민족 가운데 추구자 인간들에게 구원자를 드러내어 보여 주셨다("예수의 공현"). 그래서 많은 교부들은 마리아를 신약의 선포자요 예언자라고도 이해했다.

예수와 "나의 아버지"

예수 유년기 사화에서 예루살렘과 그 성전과의 두 차례 만남도 특기할 만하다. 이 예루살렘이라는 도시로 말하면 예수의 여정이 완성되어야 할 곳이요, 동시에 이스라엘의 구원 희망과 구원 성취를 총칭하는 곳이기도 하다. 시므온의 예언에서 루가 복음사가는 이미 예수의 삶에서 나타날 큰 갈등을 시사한다. 예수는 과연 하느님 나라의 큰 사자요 중재자이며 대표자이지만, 또 바로 그래서 "배척당하는 표징"(루가 2,34)도 되시리라고. 이 예수 수난 예고의 문맥 속에 유념할 만한 마리아에 관한 발설도 있다. "당신 영혼을 칼이 꿰뚫을 것입니다. 그리하여 많은 이의 마음 속 생각이 드러날 것입니다"(루가 2,35). 당초에 마리아의 투신에서 비롯한 예수와 마리아의 내적 결합이 종당에는 십자가의 예수와 마리아의 내적 일치, 곧 우리 모두를 위해 구원을 이루어 주시는 그 아드님의 고난과 죽음과의 일치로도 나타난다.

열두 살 예수 어린이의 성전 순례 이야기에 두 번째 예루살렘과의 만남이 나온다. 여기서 중요한 것은 예수의 자기 이해다. 예수는 어머니 마리아와 아버지로서 당신을 보살피던 요셉과의 인간 관계보다 훨씬 깊이 하느님과의 관계에 의해 당신 자신을 이해하신다. 루가 복음서에 나오는 당신 첫 말씀에서 이미 하느님을 일컬어 "나의 아버지"(루가 2,49)라고 하신다. 이렇게 부모에게는 어떤 거리를 두고 당신 아버지 하느님께 더 깊은 관계를 주장하면서 오로지 그분의 뜻에 따를 의무가 있을 뿐이라고 하신다. 이것이 "예수의 부모"에게 우선은 어리둥절하되 필경은 똑같은 체험을 불러 온다. 이 아드님은 하느님께 대한 사랑을 부모와 처자와 형제자매에 대한 현세적 사랑보다, 심지어 생물학적 자기 보존 욕구보다도 위에 두시는구나(루가 14,26 참조).

마리아의 구체적 예수 추종

단연 중요한 것은 혈연이 아니라는, 먼저 하느님의 말씀을 듣고 행하는 데서 비로소 인간이 예수께 어머니나 자매나 형제가 된다는 그런 진리를 마리아도 믿음으로 배워야 하셨다(루가 8,21 참조). 마리아는 과연 하느님의 말씀을 듣고 지켰기 때문에 복되신 분이다(루가 11,28 참조). 구체적인 삶에서 진실하고 충실함도 루가가 그처럼 강조하여 마지않는 마리아의 신앙에 속한다. 곰곰이 생각하면서 마리아는 십자가에 이르기까지 능동적으로 당신을 따르라는 예수의 요청을 깨치게 되신다. 무릇 누구든지 예수의 제자가 되려면 모름지기 자기 자신을 버리고 날마다 제 십자가를 지고 그분을 따라야 하는구나(루가 9,23 참조).

어느 복음사가보다 루가야말로 마리아를 이상상으로 그린다. 마리아는 예수 제자들의 귀감이시다. 신앙의 기본 결단에서 나온 결과로, 마리아는 예수께 일어난 모든 일과 예수께서 말씀하신 모든 것을 살피며 마음에 간직하셨고, 예수를 수난과 십자가 죽음의 심연까지 뒤따르셨으며, 칼이 영혼을 꿰뚫는 아픔 속에서도 사도들과 여자들과 형제들과 함께 "모두 한마음으로 기도에 전념"(사도 1,14)하면서, 아드님이 부활하신 다음에는 초대 교회 한가운데 성령이 오시기를 기다리셨다.

58항: 예수님의 공생활에서 그분의 어머니께서는 맨 처음부터 뚜렷이 나타나신다. 갈릴래아의 가나 혼인 잔치에서 성모님께서는 자비심이 우러나 당신의 전구로 구세주 예수님의 첫 기적을 이끌어 내셨다(요한 2,1-11 참조). 예수님의 복음 선포 과정에서는 아드님께서 혈육의 관계나 유대를 넘어 하느님 나라를 들어 높이시며, 성모님께서 충실히 그렇게 하셨던 것처럼(루가 2,19.51 참조), 하느님의 말씀을 듣고 지키는 사람은 행복하다고 선언하신(마르 3,35; 루가 11,27-28 참조) 그 말씀을 받아들이셨다.

이렇게 복되신 동정녀께서도 신앙의 나그넷길을 걸으셨고 십자가에 이르기까지 아드님과 당신의 결합을 충실히 견지하셨다. 거기에 하느님의 계획대로 서 계시어(요한 19,25 참조), 성모님께서는 당신 외아드님과 함께 극도의 고통을 겪으시며 당신에게서 나신 희생 제물에 사랑으로 일치하시어 아드님의 희생 제사에 어머니의 마음으로 당신을 결합시키셨다. 마침내 십자가에서 운명하시는 아드님 예수 그리스도께서는 이렇게 말씀하시며 성모님을 제자에게 어머니로 주셨다. "어머니, 이 사람이 어머니의 아들입니다"(요한 19,26-27 참조).

예수의 숨은 생활에 관한 루가와 마태오의 선포 설화들을 신학적으로 해석하고 나서, 이제 58항에서 공의회는 예수의 공생활로 접어들어 마리아를 이야기한다. 예수께서 요르단 강에서 세례를 받고 다가오는 하느님 나라의 선포자요 중개자로서 처음 등장하고부터 십자가 죽음에 이르시기까지.

가나 혼인 잔치

예수 공생활의 시작 무렵 마리아는 요한 복음서에서 갈릴래아 가나의 혼인 잔치 때 나타나신다. 요한이야말로 신학적 관심 없이 생물학적 기술만 하는 예란 없다고 볼 수 있다. 복음사가가 가나 혼인 잔치를 이야기하는 것은 예수의 하느님스런 영광이 계시되기 시작함을 가리키는 구실을 한다. 이 이야기는 고난과 십자가에서 예수의 영광이 계시되는 것과 대칭되는 자리에 있다. 요한 복음서가 바로 예수의 영광이 계시되는 시작과 끝이라는 맥락에서 마리아에 관해 말한다는 것은 확실히 우연이 아니다. 마리아는 구원 사건에서 따로 하느님의 구원 의지에 맞먹는 역할을 하신 것이 아니라, "주님의 종으로서 당신 아드님의 인격과 활동에 당신 자신을 온전히 바치시어, 전능하신 하느님의 은총으로 아드님 밑에서 아드님과 함께 구원의 신비에 봉사하셨다"(56항).

가나 혼인 잔치 때 예수는 당신 어머니 마리아와 어떤 거리를 두신다는 것도 확인할 수 있다. "당신이 저와 무슨 상관이 있습니까?"(요한 2,4)라는 말씀에 예수의 임무와 마리아의 임무를 구별하는 암시가 들어 있다. 예수의 때가 언제 올지도 오로지 그분을 보내신 분의 뜻에 달려 있다. 이 구별에서 그러나 동시에 예수와 마리아의 내적 결합도 나타난다. 마리아의 전구를 듣고서 예수는 당신 첫 표징을 이루고 당신 영광을 계시하여 제자들이 당신을 믿기에 이를 수 있게 하신다(요한 2,11). "무엇이든지 이르시는 대로 하게"(요한 2,5)라는, 시중꾼들에 대한 마리아의 당부야말로 후대 교회가 마리아와 성인들의 전구라고 일컬어 온 바를 실로 더없이 잘 표현하는 성서 말씀이다.

가나 혼인 잔치를 묘사한 다음 공의회는 이제 루가 복음서에 나오고 마르코 복음서에도 나오는 마리아에 관한 몇 대목을 되짚는다. 좀 거리를 두는 것처럼 들리는 혹은 심지어 비판으로 여길 수도 있는 마르코 3,35와 루가 11,27-28의 말씀들을 공의회는 예수께서 마리아를 깎아내리시는 것이라고 풀이하지 않는다. 마르코 복음서가 엮인 방식도 마리아 선포의 역사상 근거란 없으리라는 의혹의 빌미가 되지는 못한다.

루가 2,19.51의 의미로 이해한다면, 마리아께는 이런 "긴장"이란 믿음으로 모름지기 당신을 따르라고 요청하시는 예수의 선포에서 나온 깨침이라고 할 수 있다. 무릇 신앙은 "나그넷길"이구나. 온갖 유혹과 어려움과 곤경과 고난과 희망 들이 따르게 마련이구나. 본디 그런 것이 십자가에까지 이르는 예수 추종이구나. 예수의 하느님 나라 소식에 몸바치면서야말로 마리아는 아드님이 살과 피의 권리와 유대를 뛰어넘는 나라를 설파하신다는 것을 깨달으셨다. 신앙의 행복은 마음으로 하느님 말씀을 듣고 간직하며 삶으로 따르기도 하는 그런 사람들에게만 주어진다는 것을 깨달을 줄 아셨다 (루가 11,27-28 참조). "신앙의 나그넷길"이라는 아름다운 말은 마리아가 아드님의 부활 전 공생활과 만나심에 관해 여러 가지로 전해지는 이야기를 해석하는 데 그야말로 열쇠 구실을 한다.

십자가의 희생양이신 그리스도

필경 충실한 신앙은 십자가에까지 이른다. 공의회는 여기서 요한 복음서 대목을 되짚어, 마리아는 언제까지나 아드님과 충실히 결합하여 십자가 아래 계셨다고 이해한다. 물론 마리아는 어머니만이 공감할 수 있는 것처럼 아드님의 수난과 엄청난 고통을 함께하셨다. 그러나 십자가에서도 예수와 마리아의 결합은 자연적 심리 차원에만 있었던 것이 아니다. 마리아는 예수께서 하느님이 보내신 인간의 구원자요 속량자이심을 믿음으로 알아차리고 하느님의 아들을 사람으로 낳으셨으므로, 마리아께는 예수 십자가 고난의 구원 의미에 대한 신앙적 내면 관계도 있었다. "당신에게서 나신 희생 제물에 사랑으로 일치하셨다"라는 좀 난해한 표현도 이렇게 해석할 수 있다. 여기서는 예수 고난의 구원 의미가 구약 성서의 표상과 언어로 표현된다. 예수는 말하자면 계약의 희생양이시다. 예수께서 흘리시는 피는 예수를 통해 생명을 받게 된다는 표징이다.

이때 예수의 십자가 죽음을 잘못 해석하여, 마치 성부께서 당신 진노를 가라앉히려고 또 이런 뜻에서 죄들을 보속시키려고, 말하자면 인간 희생 제물을 요구하셨다는 양으로 알아들어서는 안 된다. 성서의 표현에 따르면 과연 사람들에게 예수의 죽음에 대한 책임이 있었다. 그들은 예수를 처형함으로써 하느님의 요구와 하느님 나라 은총의 약속에 동시에 적중하게 대처하겠노라고 했다. 예수 제자들의 견해에 따르면 그러나 이 사람들이 그렇게 한다고 해서 하느님의 구원 계획을 지워버릴 수는 없었다. 그들이 예수께 내린 선고요 예수께

「피에타」— 프란치스코회 성당 안토니오 경당(빈, 15세기)
"십자가에 이르기까지 아드님과 당신의 결합을 충실히 견지하셨다.
··· 당신 외아드님과 함께 극도의 고통을 겪으시며 ···
아드님의 희생제사에 어머니의 마음으로 당신을 결합시키셨다."

서 당신 사명에 순종하여 받아들이신 운명인 바로 그 죽음에서야말로 하느님의 주권 장악이 풀어지고 만 것은 아니다. 하느님은 예수께서 십자가에 달리셨을 때도 그분을 알아주셨고, 그분을 죽음에서 일으키셨으며, 그럼으로써 사랑의 다스림이지 권력의 지배는 아닌 당신 나라의 문을 영원히 열어 놓으셨다.

십자가 아래의 마리아

이런 의미로 마리아는 아드님의 고통을, 고뇌와 수난과 죽음을 함께하셨다. 마리아도 ― 아드님처럼 ― 순간에는 이해할 수 없더라도 지고한 하느님의 뜻에, 홀로 그분을 구하실 수 있는 하느님께, 자신과 그분을 온전히 내맡기셨다. "보십시오, 어머니의 아들입니다", "보시오, 그대의 어머님이시오"라고 하신 예수의 말씀에서 옛 교회 전체와 더불어 공의회는 마리아와 교회의 관계를 가리키는 암시를 본다.

교회는 마리아를 한편 신앙과 추종의 원형으로 또 한편 힘찬 전구자로 본다. 이로써 예수의 제자들은 신앙의 나그넷길을 끝까지, 고난과 십자가의 어둠들도 헤치며 버티어 낼 것이고, 마리아처럼 아드님 예수의 부활하신 모습과 온전히 함께하기에 참여하게 될 것이다.

예수 승천 후의 마리아

59항: 그리스도께서 약속하신 성령을 부어주시기 전에는 하느님께서 인류 구원의 성사를 장엄하게 드러내시기를 바라지 않으셨으므로, 사도들은 오순절 전에 "예수님의 어머니 마리아를 비롯하여 여러 여자들과 예수님의 형제들과 함께 모두 마음을 모아 기도에만 전념하였으며"(사도 1,14 참조), 마리아께서도 주님의 탄생 예고 때에 이미 당신을 덮어 그느르셨던 성령의 은혜를 당신의 기도로 간청하셨다는 사실을 우리는 알고 있다.

마침내, 원죄의 온갖 더러움에 물들지 않으시어 티 없이 깨끗하신 동정녀께서는 지상 생활의 여정을 마치시고 육신과 영혼이 하늘의 영광으로 올림을 받으시고, 주님께 천지의 모후로 들어 높여지시어, 군주들의 주님이시며(묵시 19,16 참조) 죄와 죽음에 대한 승리자이신 당신 아드님과 더욱 완전히 동화되셨다.

55항에서 공의회는 마리아의 임무를 설명하면서 구약 성서 여인들의 의미를 상기시켰다. 56항에서는 신앙으로 하느님과 맺는 근본 관계를 거론했다. 이어 57항에서는 숨은 생활 동안의 예수와 마리아의 결합을, 58항에서는 예수 공생활과의 결합을 묘사했다. 이제 59항에서 이 문헌은 부활절 사건 후 구원 사업에서 마리아의 임무를 설명하게 된다.

오순절 사건과 마리아

부활절 사건이나 부활하신 예수께서 제자들에게 발현하심과 관련해서 또는 빈 무덤의 발견과 관련해서 마리아를 언급하는 성서 대목은 없다. 그러나 루가 복음사가는 오순절 사건을 이야기할 때 "예수의 어머니"(사도 1,14)라고 일컬으며 마리아에 대해 말한다. 이 오순절 사건은 부활절 사건과 사뭇 밀착해 있다. 성령의 강림이야말로 예수 구원 효력의 완성이다. 이로써 예수라는 이름 자체가 하느님이신 구원으로서 우리에게 주어져 있다(사도 4,12 참조). 부활하신 주님과 그분의 아버지 하느님으로부터 오시는 성령과 관련하여 마리아가 다시 언급된다. 오순절 사건의 성령은 "지극히 높으신 분의 아드님이라 불리실 분이요 주님 하느님이 조상 다윗의 옥좌를 주실 분이며 영원히 야곱 가문 위에 임금님

이 되어 끝없이 다스리실 분"(루가 1,32-33)이 태어나도
록 아버지께서 마리아께 내려보내신 그 성령과 똑같은
분이시다.

초대 그리스도교 전승 안에서는 부활절과 오순절에
관련된 이것이 마리아 일신에 대한 마지막 언급이다.
더 나아가 마리아 일생의 운명과 죽음에 관해 우리에게
알려주는 바는 없다. 그리스도교의 묵상에서 세월이 흐
르면서 또 하나 마지막 결론인 해답이 나오게 되었다.
여기서 중요한 것은 물론 마리아의 생애에서 역사상 입
증할 수 있는 낱낱의 자료를 챙기는 일이 아니다. 복음
사가들도 마리아에 관한 그런 개인 전기 자료에 관심을
보인 적은 없다. 정작 중요한 것인즉, 예수 당신의 운
명을 함께하신 마리아의 믿음과 사랑의 일치에서 마리
아의 마지막 운명에 관한 결론도 나올 수 있다는 것이
다. 예수는 우리를 위해 죽어 우리가 생명을 얻도록 하
셨다. 요한 복음서에서 예수는 이렇게 자처하신다. "나
는 부활이요 생명입니다. 나를 믿는 사람은 죽더라도
살 것입니다. 또 살아서 믿는 사람은 영원히 죽지 않을
것입니다"(요한 11,25-26). 마리아의 믿음에 관해, 구원
사건에서 자기 역할을 하심, 주님의 어머니로 선택받으
심, 공생활과 사생활에서 예수와 가까이 계심에 관해
말해지는 바 모든 것에서 따라나올 수밖에 없는 결론인
즉, 마리아는 지상 생활의 마지막에 신앙의 열매도 얻

으셨다는 것, 다시 말해 "우리 주님 그리스도 예수 안
에 있는 영원한 생명인 하느님의 은사"(로마 6,23)도 받
으셨다는 것이다.

그리스도의 통치에 참여하심

　마리아는 부활하신 주님 예수 그리스도와 결합하여
영원한 생명 속에 계시다. "우리는 알거니와, 하느님을
사랑하는 이들과 하느님의 뜻대로 부름받은 이들에게
는 모든 일이 울력하여 좋은 일을 이룹니다. 하느님은
미리 알아 두신 이들을 당신 아드님의 모습과 한 모양
이 되도록, 그래서 이 아드님이 많은 형제 가운데 맏아
들이 되도록 예정하셨습니다. 예정하신 이들을 또한 부
르셨고, 부르신 이들을 또한 의롭게 하셨으며, 의롭게
하신 이들을 또한 영광스럽게 하셨습니다"(로마 8,28-
30). 이 말씀에 따르면 부활하신 주님과 함께함이란 우
리 구원을 위한 그분의 통치권을 어떤 의미로 함께 행
사한다는 뜻도 된다. 신심의 언어로 표현하면, 성인들
은 그리스도와 함께 다스리며 그들의 전구로 그리스도
의 사제직과 왕직(묵시 19,16 참조)을 함께 수행한다는 그
런 말이 된다. 그래서 마리아는 여왕이시라고 이해될
수도 있었다. 여왕으로서 그리스도와 모든 성인과 함께
하느님의 구원 통치를, 즉 그리스도께 속하는 모든 이

의 공동체 안에 하느님의 사랑이 힘차게 현존하는 그런 통치를 행사하신다는 말이다.

몸과 혼이 함께 완성되심

1950년에 교황 비오 12세는 마리아의 완성에 관한 교의 선언으로 한 오래된 전례와 신학의 견해를 들어 높여 구속력 있는 신조로 삼았다. 마리아는 "영혼과 육신이 함께" 그리스도의 천상 영광에 들어가셨다고. 마리아의 승천을 곧바로 그리스도의 부활과 승천과 나란히 놓고 이해해서는 안 된다. 예수의 부활은 모든 죽은 이 부활의 첫 사례만이 아니다. 하느님이 예수를 하느님 나라 중개자로 인정하고 당신 아들로 계시하며 당신을 그분 아버지로 입증하신 둘도 없는 사건이다. 그리스도인들의 부활과 완성이 뜻하는 바는 계시된 하느님 구원 의지의 결과로서 예수의 부활에서 생겨난다.

육신과 영혼의 관계나 인간 육신의 완성 가능성에 관해 복잡한 궁리들을 내놓으면서 부활절 사건을 이론화하자는 것도 결코 아니다. 이런 것이라면 모든 기적 중의 기적을 인간 사고의 한계 속에 가두어 버리려는 셈이다. 우리는 마리아와 모든 예수 제자가 영원한 완성에 이른다는 것이란 하느님이 인간을 옹근 인간으로서, 바로 그 육신성도 완성하고자 하신다는 그런 뜻으로 이해해야 한다. 죽음에서 무슨 일이 일어나며 죽음 뒤에 무엇이 있는지는 인간의 모든 상상력을 초월한다.

죽음이란 "육신과 영혼의 분리"라고 여기는 예사스런 해석들도 죽음의 과정을 적절히 묘사할 수는 없다. 이들은 온전히 설명되지 못하는 어떤 것을 형언해 보려는 인간 오성의 더듬거리는 시도일 뿐이다. 신앙은 구체적 인간 하나하나가 하느님의 창조물로서 우리가 육신과 영혼이라고 일컫는 두 기본 원리로 구축되어 있다고 가르친다. 이들을 하느님이 죽음 뒤에도 보존하시며, 죽음으로 인격적 정체성(영혼)과 물질적 자기 표현(육신)의 새 질서가 온다고. "자연적인 몸으로 묻히지만 영적인 몸으로 부활합니다"(1고린 15,44).

하느님과의 결합

부활은 육신과 영혼의 관계가 새로 규정된다는 의미만 있는 것이 아니다. 그렇게 완성된 인간이 부활하신 주님과 결합한다는 더 큰 의미도 있다. "우리가 흙으로 빚어진 사람의 형상을 지녔듯이, 장차 우리는 천상에 속한 그분의 형상을 지니게 될 것입니다"(1고린 15,49). 정확히 어떤 형상으로 하느님이 마리아의 육신성을 완성하셨는지는 감각으로 사물을 바라보기에 매인 채인 우리네 인식의 조건과 가능성을 초월한다. 우리네 상상으로라도 마리아 지상 생활의 최후와 마리아를 옹근 인간으로서 완성하시는 하느님의 구원 행위 사이를 빈틈없이 이어서 넘어가 볼 길이란 없다. 거기서는 마리아가 예수와 그분 구원 사업에 믿음으로 긴밀하게 맺어져 있던 관계가 이제 "얼굴과 얼굴을 마주"(1고린 13,12)하여 하느님을 뵙는 관계로 넘어들어가 있다.

1950년의 교의는 이를테면 마리아의 육신이 썩지 않음을 검증할 수 있다거나 혹은 심지어 마리아의 몸이 장소를 옮겨 땅에서 천당이라는 상상의 공간으로 들어갔다거나 그런 식으로 가르치지 않는다. 이런 따위의 온갖 상상은 영영 공상에 그치고 말았다. 이 모두가 역사상 정보에 의한 근거라고는 없을 뿐더러, 여기서는 인간 인식이 넘지 못할 한계에도 부딪치기 때문이다. 오로지 신앙과 하느님의 말씀에 대한 확고한 신뢰만이 여기서 더 나아가게 된다.

희망의 표지

마리아가 몸과 혼이 최종적으로 완성되어 성부 하느님의 영원한 사랑이신 성령 안에서 성자 예수 그리스도와 완전히 일치해 계시다는 데서 교회는 우리 모두가 품고 있는 희망이 앞당겨 성취되어 있음을 본다. "그 신비는 여러분 안에 계시는 그리스도 그분이 곧 영광을 기다리는 우리 희망이시라는 것입니다”(골로 1,27). 새 삶의 근원으로 올려지신 그리스도와 일치하는 일은 모든 이에게 해당한다. “여러분이 그리스도와 함께 일으켜졌다면, 위에 있는 것을 찾으시오. 거기 그리스도께서 하느님 오른편에 앉아 계십니다. … 여러분은 죽었고 여러분의 생명은 그리스도와 함께 하느님 안에 숨겨져 있습니다. 여러분의 생명인 그리스도께서 나타나실 그때 여러분도 그분과 함께 영광 속에 나타날 것입니다”(골로 3,1-4).

마리아가 하늘에 올림받고 사랑 속에서 믿음이 완성되어 모든 이를 위해 두루 전구할 임무를 띠고 계시다고 선포한다는 것은 온 창조계가 길 잃은 종살이에서 벗어나 “하느님 자녀의 영광스런 자유”(로마 8,21)에 이르는 해방을 믿음으로 앞당기는 일이다. 마리아 승천 축일은 우리가 마음 속 성령 안에서 탄식하며 우리 몸도 속량받아 아들들로 드러나기를 기다릴 힘을 얻는 날이다(로마 8,23 참조). “의인들은 주님이 손수 내리시는 영광과 아름다운 왕관을 받게 될 것이다”(지혜 5,16).

60항: 사도의 말씀대로, 우리 중개자는 한 분뿐이시다. "하느님은 한 분뿐이시고 하느님과 사람들 사이의 중개자도 한 분뿐이신데, 그분이 바로 사람으로 오셨던 그리스도 예수님이시다. 그분은 자기 자신을 모든 사람을 위한 대속물로 바치셨다"(1디모 2,5-6).

사람들에 대한 마리아의 어머니 임무는 그리스도의 이 유일한 중개를 절대로 흐리게 하거나 감소시키지 않고 오히려 그리스도의 힘을 보여 준다. 사실 복되신 동정녀께서 사람들에게 미치시는 모든 구원의 영향은 사물의 어떤 필연성이 아니라 하느님의 호의에서 기인하고 또 그리스도의 넘치는 공로에서 흘러 나오는 것이므로, 그 영향은 그리스도의 중개에 의지하고 거기에 온전히 달려 있고 거기에서 모든 힘을 길어 올리며, 그리스도와 믿는 이들의 직접 결합을 결코 가로막지 않고 오히려 도와 준다.

마리아에 관해 성서의 구원 역사와 신학의 신앙 고백에 나타난 발설들을 다루고 난 공의회는 이제 "복되신 동정녀와 교회"라는 제목 아래 III절(60-65항)로 접어든다. 마리아도 교회도 물론 그리스도와 결합되어 있다. 마리아는 지상 생애를 완결한 다음 그리스도의 영광 속에 들어 올려져 계시기 때문이요, 교회는 지상에서 그리스도의 몸을 이루고 있기 때문이다. 문제는 완성되신 하느님의 어머니와 순례하는 교회의 관계를 어떻게 더 자세히 규정지을 수 있느냐다.

이 문제에서는 지상에 순례하는 교회와 천상에 완성된 교회 사이의 일치를 다룬 교회 헌장 7장의 주제가 반영된다. 여기서 공의회는 마리아와 성인들을 승천하신 주님과 교회의 대비 관계에 끌어들인다. 이에 못지않게 순례하는 교회와 그 머리이신 그리스도의 능동적 관계도 있다. 언젠가 "당신 성도들과 함께"(1데살 3,13) 다시 와서 신랑과 신부의 결합, 즉 그리스도와 교회의 결합을 완성하실 분과의 관계다. 이 생각은 IV절(66-67항)에서 전개된다.

하늘과 땅 사이의 교류

신자들은 순례하는 교회로서 이미 천상 교회와 함께 있음을 의식하고 있다. 이 포괄적 공동체 의식의 생생한 표출이 순례하는 교회에 대한 마리아와 성인들의 봉사를 말함이요, 또 교회 안에서 복되신 동정녀 마리아를 공경함이다.

천상 교회와 지상 교회의 결합은 "모든 성인의 통공"으로 이루어진다. 교회는 그리스도를 향해 성숙해 가며 그리스도의 몸으로서 자라난다. "그리스도의 충만한 경지에 이르도록 … 머리이신 그리스도를 향해 온전히 자라나야 합니다. 그분한테서 온 몸이 영양을 받아서 모든 기관이 관절들을 통해 연결되고 결합되어 각자 맡은 일을 하고, 그리하여 몸은 자라고 또 자라서 사랑으로 스스로를 세우게 됩니다"(에페 4,13.15-16).

이 성도 공동체가 말하자면 땅과 하늘을 아우르는 궁륭을 이루며 우뚝 솟는 거기야말로 그리스도 안에서 그분을 통해 그분과 함께 하느님께로 다가가는 입구요, 그 안이야말로 하느님이 당신 장막을 쳐서 당신 성령 안에 거처로 세우시는 당신 성전이다(요한 1,14 참조). 오로지 이 팽팽한 긴장 관계에서라야 그리스도와 마리아와 성인들과 교회의 상호 작용이 올바로 이해되며 오해가 방지된다. 이를 위해 교회 헌장 49항의 다음과 같은 본문에 주목할 일이다.

"그리스도의 평화 속에 잠든 형제들과 나그네들의 결합은 조금도 중단되지 않으며, 더욱이 교회의 변함 없는 신앙에 따르면, 영신적 선익의 교류로 더욱 튼튼해진다. 천상에 있는 사람들이 그리스도와 더 친밀하게 결합되어 있기 때문에 그들은 온 교회를 성덕으로 더욱 더 튼튼하게 강화하고, 교회가 이 지상에서 하느님께 드리는 예배를 존귀하게 만들며 교회의 더욱더 광범위한 건설에 여러 가지로 이바지하고 있다(1고린 12,12-27 참조). 왜냐하면 본향으로 받아들여져 주님과 함께 사는 이들은(2고린 5,8 참조) 주님을 통하여 주님과 함께 주님 안에서 끊임없이 하느님 아버지께 전구하며, 하느님과 사람들 사이의 유일한 중개자이신 예수 그리스도를 통하여(1디모 2,5 참조) 모든 일에서 주님을 섬기고 그리스도의 몸인 교회를 위하여 그리스도의 남은 고난을 자기 몸으로 채우며(골로 1,24 참조) 이 지상에서 쌓은 공로를 보여 드리기 때문이다. 따라서 그들의 형제적 배려로 우리의 연약함이 많은 도움을 받는다.”

유일한 중개자이신 그리스도

관계와 원인과 조건 들이 얽힌 이 긴장 구조 안에서 공의회는 마리아와 성인들이 순례하는 교회에 두루 실제로 어떤 힘을 펼치고 있는가 하는 물음에 대답해 보려 한다.

신자들과의 관계를 표현하는 마리아의 칭호로서 예로부터 알려진 것인즉 예컨대 “변호자, 원조자, 협조자, 중개자"(62항) 들이다. 그런데 이런 칭호를 마치 마리아와 우리의 관계를 따로 떼어 그리스도와 우리의 근본 관계와 나란히 놓는 것인 양으로 이해한다면 그 의미가 곡해된다. 이 칭호는 유일한 중개자이신 그리스도와 교회의 관계를 가리키는 한 측면으로 이해해야 올바른 의미가 있다. 두말할 나위도 없이 "하느님은 한 분뿐이시고 하느님과 인간 사이의 중개자도 한 분뿐이시니, 곧 인간 그리스도 예수"(1디모 2,5)시다. 이분이 "아버지 앞에 우리 변호자"(1요한 2,1)시다. "하느님 오른편에 계시며 우리를 위해 빌어 주시는 분이 바로 그리스도 예수"(로마 8,34)시다. 이분이 실은 유일한 대제관이요 새 계약의 중재자요(히브 8,6 참조) "우리를 위해 빌어 주고자 언제나 살아 계시는"(히브 7,25) 분이다.

공의회는 마리아를 "변호자", "원조자", "협조자" 혹은 "중개자"로 일컫는 것이 마치 그리스도에 대한 무슨 보완이나 부가, 일종의 노력 분담이나 경쟁 관계를 가리키는 것인 양으로 오해되는 것을 피하고자 한다. 그래서 60항 본문을 명백한 신앙 고백으로 시작한다. "사도의 말씀대로, 우리 중개자는 한 분뿐이시다. '하느님은 한 분뿐이시고 하느님과 사람들 사이의 중개자도 한 분뿐이신데, 그분이 바로 사람으로 오셨던 그리스도 예수님이시다. 그분은 자기 자신을 모든 사람을 위한 대속물로 바치셨다'(1디모 2,5-6)".

성인들과 마리아의 대변 활동을 두고 말할 때 우리는 한편 가톨릭 교회가 — 또 동방 정교회도 — 신앙으로 가르치고 실천하는 것과 다른 한편 개신교가 성인들을 바라보는 것 사이에 무척 차이가 있다는 사실에 마주친다. 오늘날까지 개신교 신학자와 그리스도인 대부분이 마리아와 성인들께 호소한다는 것이란 성서가 증언하는 대로 더없이 유일한 그리스도의 중개와는 모순된다고 할 수밖에 달리 의미가 없다고 이해하고 있다.

이런 의심과 문제점은 진지하게 생각해야 할 일이다. 우리의 하느님 관계에서 비할 데 없이 중요한 예수의 의미를 흐리게 하거나 심지어 깎아내리는 그런 뜻으로 순례 교회에 대한 마리아와 성인들의 봉사를 이해하자는 것이 가톨릭의 가르침은 결코 아니다. 그러나 성인 공경의 실천과 교리를 어떻게 제시하면 거의 저절로 불거지곤 하는 우려와 오해를 막을 수 있을까?

"중개"란 무슨 뜻인가?

우선, "중개자", "중개", "중개하다"라는 개념이 처음부터 분명하지는 않다는 점을 지적할 수 있다. 만일 갈라져 있는 관계의 두 차원 또는 두 당사자 사이에 한 중개자가 끼어든다는 그런 뜻이라면, 마치 두 사람이 직접 서로 말하지는 않고 제삼자를 중개자로 개입시켜

한 사람의 말을 다른 사람에게 전달하도록 하는, 혹은 더 높은 지위에 있거나 더 영향력이 큰 사람더러 친구의 염려에 주의를 기울이도록 하는 그런 것과 같은 셈이다. 사실 자주 이런 의미로 성인 호소가 오해되어 왔다. 마치 지상의 신자들은 인간적으로 더 가까운 존재인 성인들께 호소하고, 그러면 성인들 쪽에서는 하느님의 옥좌 곁에서 지상 인간들의 관심사를 대변해 준다는 그런 양이다. 그러나 이런 식으로 무슨 "심급審級 절차"를 밟는 것이 성인 호소의 의미일 리는 없다. 하느님 당신이 예수 그리스도를 통해 각 사람마다에게 다가와 우리 마음에 성령으로 깃들어 계시고, 그래서 우리 모두가 예수 그리스도 안에서 하느님께 직접 "아빠, 아버지" 하며 말씀드릴 수 있다(갈라 4,4-6 참조).

중개란 그러나 또다른 뜻일 수도 있다. 우리 인간이 하느님의 말씀을 듣게 된다는 것은 우리네 정신과 의지와 인격의 기본 조건들 저쪽에서 세상과 무관하고 공동체와 동떨어진 개인의 순수한 정신성 속에만 일어나는 그런 일이 아니다. 더 나아가 언어와 역사를 공유함으로써 여느 사람들과 상통하는 그런 육신성도 우리의 본성에 속한다. 하느님의 말씀이 우리에게 다가올 수 있는 까닭도 오로지 그것이 인간의 말과 증거를 통해 전달되기 때문이다. 하느님과 함께하는 사랑은 이웃과 더불어 맺는 사랑을 지나쳐 버리면서 수행되는 것이 아니다. 하느님 사랑과 이웃 사랑은 워낙 특유하게 서로 밀착되어 있다. 그래서 이웃 사랑이 참된 하느님 사랑의 증거가 될 수조차 있다. "우리가 사랑하는 것은 그분이 먼저 우리를 사랑하셨기 때문입니다. 누가 하느님을 사랑한다고 말하면서도 형제를 미워하면 거짓말쟁이입니다. 눈에 보이는 형제를 사랑하지 않는 자가 보이지 않는 하느님을 사랑할 수 없습니다. 우리가 그분에게서 받은 계명은, 하느님을 사랑하는 이는 형제도 사랑해야 한다는 것입니다"(1요한 4,19-21).

그러니까 하느님이 중개자 그리스도를 통해 "직접" 우리와 관계하신다는 말인데, 그렇다면 인간의 말과 인간과의 만남을 통해 하느님과의 직접 관계에 들어가게 하는 그런 중개가 과연 존재한다. 이런 중개는 각 인간과 하느님 사이를 비집고 끼어드는 것이 아니라, 그야말로 직접적인 하느님 관계를 낳는다. 인간 자신의 하느님 관계가 다시금 거꾸로 인간의 중개가 되어 나타난다. 이런 "직접 관계의 중개"는 예수 그리스도 안에 근원적으로 개시된 하느님 관계와 "나란히" 이루어지는 것이 아니다. 인간 예수야말로 하느님과 인간 사이의 중개자시다(1디모 2,5 참조). 바로 이 강생의 결과가 성사와 교회를 통한 세상 안의 하느님 현존이다. 예수 그리스도는 인간의 말과 표지와 인간 상호 관계 들을 취하여 하느님이 인간과 또 인간이 하느님과 결합하는 공동체 관계의 중개 형식과 발현 양식으로 삼으신다.

인간이 하느님께 직접 가까이 있다는 것은 예컨대 신플라톤 사상의 신비론에서 세상을 멀리하여 순수한 정신성 속에 있다는 그런 것과 다르다. 그리스도인은 인간 예수의 중개에 들여놓이는 바로 거기서 하느님과의 직접 관계에 이른다. 인간 예수 그리스도를 통해 그분과 함께 그분 안에서 하느님 당신이 세상에 들어와 늘 인간으로 현존하시기 때문이다(요한 1,14 참조).

교회를 통한 중개

이 중개 구조가 교회에도 두루 적중한다. 온 교회가 그리스도의 몸, 말하자면 그리스도께서 역사 안에 인간 사회로 현존하시는 모습이다. 우리는 "그리스도 안에 한 몸을 이루면서 저마다가 서로 지체들"(로마 12,5)이다. 이 몸의 건설과 생동에 많은 사람이 울력한다. 마치 여러 지체를 통해 한 인간이 자기 몸에서 자신을 표현하고 삶을 실현할 수 있는 것처럼. 서로 달리 사명과 직분과 은사 들을 가진 사람들이 교회의 건설에 종사한다. 이들이 하느님 당신의 인도 아래, 성령의, 예수 그리스도의 하느님이요 아버지이신 주님의 인도 아래 하나인 몸을 이루는 데 이바지한다. "각자에게 영을 드러내는 은사가 베풀어지는 것은 공익을 위해서입니다. …

이 모두를 같은 한 영이 이루시며, 원하는 대로 각자에게 그 나름의 은사를 나누어 주십니다"(1고린 12,7.11).

이렇게 하느님 당신이 인도하시는 그리스도의 몸 건설이 시간과 역사 안에 존재한다. 이 몸의 지체들이 서로 섬기고 서로 기도해 줌으로써 또 남들과 연대하여 남들의 고통을 함께 나눔으로써(1고린 12,28 참조). 이 몸 안에서 지체인 각자와 머리이신 그리스도의 관계는 각 지체 서로의 직접 관계에 대립하고 경쟁하는 것일 수 없다. 교회의 머리이신 그리스도와 직접 관계로 맺어진 사람들은 그리스도를 만나면서 동시에 몸의 머리를 만나고, 따라서 이미 이 몸의 지체 관계로 서로도 맺어져 있다. 이렇게 시간 속에 교회의 건설이 실현된다.

예수 그리스도와의 관계는 우리에게 그만큼 더욱 철저한 이웃 관계를 지시한다. 그리스도인의 이웃 사랑이란 마치 이웃과의 만남이 우리의 종교적 하느님 관계와 아무 상관도 없는 양 이웃의 육신 안녕만 배려한다는 그런 뜻이 아니다. 무릇 그리스도인이란 그리스도의 몸에 속한 지체로서 자신이 표양으로 증거하고 충고하며 기꺼이 돕고자 함으로써, 자신이 수고함으로써 이웃을 철저히 섬기는, 이웃이 영원한 구원에 최종적으로 도달하도록 봉사하는 그런 사람이다.

지상의 예수와 승천하신 주님의 중개야말로 포괄적 근원임은 두말할 나위도 없지만, 이것이 파생적으로 표출되어 그리스도인들이 직접 서로도 ─ 그리스도의 몸의 지체로서 ─ 만나게 된다. 인간의 "은총 중개"란 으레 또한 예수 그리스도 안에서 근원적으로 선사된 바의 천명이다. 이것은 인간 각자 자신의 그리스도 관계를 심화하는 동시에 촉진한다.

성인 중개로 그리스도 중개가 흐려지지 않는다

일찍이 영국 신학자 뉴먼J.H. Newman (1801~1890)은 그리스도와 성인들의 중개를 관련짓고 구별하는 문제를 다루면서 말하기를, 그리스도교 신앙에는 일회적 역사상 사실들이 들어 있으나 거기서 도출된 특정한 원리들도 있다고 했다. 예수 그리스도는 단 한 번 우리의 구원을 위해 당신 생명을 바치셨고 그래서 하느님과 함께하는 생명 공동체의 중개자시라는 것은 되풀이될 수 없고 한 번뿐인 기정 사실이다. 그러나 이 중개에서 동시에 한 원리가 생겨나, 다양하게 그리스도인 삶의 여러 차원에서 유효하게 될 수도 있다.

예수 그리스도는 그리스도인 사이의 관계에서 당신의 중개와 전구와 조력을 알아볼 가능성을 당신 몸의 지체들에게 나누어 주신다. 전구하는 중개 직분을 통한 성인들의 교회 봉사는 그리스도의 구원 활동과 나란히 있는 것이 아니라 바로 이 뿌리에서 솟아난다. 공의회가 역설하듯이, 성인들의 중개는 예수 그리스도의 원천적 중개를 흐리게 하거나 축소하거나 보완하는 것이 아니라, 그 모두에 사무치는 "그리스도의 힘을 보여 준다".

성인들이 전구하는 중개자라 함은 다름 아니라 그들이 신앙을 강화하고 희망을 심화하며 하느님 사랑과 이웃 사랑의 삶으로 초대하는 만큼 순례하는 교회의 지체들에게 유익한 영향력이 있다는 말이다. 그들은 모범과 연대를 통해 하느님 경배와 기도와 전구의 하나인 공동체 안에 영향력을 행사한다. 하느님의 구원 주도권이 발동되기 위해 이런 중개 활동이 필요한 것은 아니다. 공의회가 말하다시피, 인간에 대한 하느님의 활동을 성인들의 기도 덕분이라고 할 사실상 "필연성"이란 없다. 하느님이 인간 사이의 생명 관계에도 구원의 의미를 부여하심은 이런 하느님 만남이 필요하기 때문이 아니라 인간 본성에 맞기 때문이다.

성인들이 순례 교회의 지체들을 위해 기도하며 봉사하도록 부름받는 것은 그 근거가 "하느님의 호의"에 있다. 그 원천이 "그리스도의 넘치는 공로"에 있다. 성인들의 중개 봉사는 "그리스도의 중개에 의지하고 거기에 온전히 달려 있고 거기에서 모든 힘을 길어 올린다". "둘이나 셋이 내 이름으로 모인 그 가운데 나도 있습니다"(마태 18,20). 성인들의 전구가 순례 교회와 천상 교회의 생명 관계에서 기인한다고 볼 때, 공의회가 왜 그

것이 "그리스도와 믿는 이들의 직접 결합을 결코 가로막지 않고 오히려 도와준다"고 말하는지도 분명해진다.

마리아의 특별한 중개

그런데 순례하는 교회와 마리아의 관계에서는 어떤 특성이 나타나는가? 기본은 통틀어 모든 성인과 신자들의 관계에서 나타나는 바와 같다. 마리아도 교회인 그리스도의 몸에 속한 지체다. 그러나 이 몸의 지체마다 각자에게만 어울리는 특수한 임무를 가지고 전체에 속해 있다. 구원 사건 전체에서 마리아의 위치가 특별함은 구원자요 중개자이신 분의 어머니가 되셨다는 데 있다. 마리아와 교회의 관계도 이에 따라, 어머니와 그 자녀들의 관계다.

당신 몸인 교회의 머리가 되신 예수 그리스도와 마리아의 관계는 그분의 몸이요 지체들인 교회와의 관계로 지속되고 있다. 마리아에게서 사람이 되신 하느님의 아들은 교회를 위해 사랑을 바쳐 신랑처럼 교회를 "신부"로 삼으셨다(2고린 11,2; 묵시 19,7-8; 에페 5,29-33 참조).

은총의 세계에서 우리의 어머니이신 마리아

61항: 영원으로부터 하느님 말씀의 강생과 함께 천주의 성모로 예정되셨던 복되신 동정녀께서는 하느님 섭리의 계획에 따라 이 세상에서 하느님이신 구세주의 거룩하신 어머니이시고 그 누구보다 각별히 헌신적인 동반자이셨으며, 또 주님의 겸손한 종이셨다. 그리스도를 잉태하시고 낳으시고 기르시고 성전에서 하느님 아버지께 봉헌하시고 십자가에서 운명하시는 당신 아드님과 함께 수난하시고, 순종과 믿음과 바람과 불타는 사랑으로 영혼들의 초자연적 생명을 회복시키시고자 온전히 독특한 방법으로 구세주의 활동에 협력하셨다. 그러한 까닭에 은총의 세계에서 우리의 어머니가 되셨다.

공의회는 교회 헌장 8장 Ⅲ절 첫 항인 60항에서 유일한 근원인 그리스도의 중개에 비추어 마리아가 우리의 하느님 관계를 위해 의미하는 바와 이것이 교회의 삶에 옮겨져 실현되는 바를 제시하고 났으므로, 이제 61항에서는 "은총의 경륜"에서 마리아가 맡은 역할을 성서의 증언에 근거하여 제시할 수 있게 된다.

교회는 무엇인가?

교회가 무엇인가를 이해하자면 "은총의 경륜"이란 무슨 뜻인지를 이해해야 한다. 이 표현은 그리스 교부들의 신학에서 유래하는데,[5] 하느님이 구사하시는 질서를, 그 속에서 예수 그리스도에 의해 단 한 번 실현된 구원이 교회의 삶을 통해 전수되고 수행되는 그런 질서를 가리킨다. 교회에는 성사의 질서들이 있고 은사와 봉사의 직분들이 있다. 이 공간에서 이를 매개로 해서, 사람들이 성령 안에서 아버지 하느님과 함께 살기를 자기 일로 삼는 일이 역사 안에 일어난다.

만일 교회를 순전히 사회학으로 파악될 수도 있는 현상이라고, 어떤 종교 윤리 강령을 가진 종단이라고 본

------

[5] "경륜"의 그리스어 원어 "오이코노미아"*oikonomía*는 가정의 질서를 가리킨다.

다면, 교회를 전혀 잘못 이해하는 셈이다. 교회는 "주님 안의 성전"이다. 교회 안에서 사람들이 믿음과 기도와 희망 속에 더불어 살고 함께 일하면서 "하느님의 신령한 거처"(에페 2,22)로 건설된다. 모든 신자가 "성부와 성자와 성령의 일치로 모인 백성"(4항)인 이 교회 공동체 안에서 하느님의 구원 계획이 역사 안에 현존하고 실현된다. 그렇다면 분명하거니와, 이 교회라는 "몸의 지체들"과 신앙인 각자의 관계를 동시에 근본적으로 규정짓는 것은 이 몸의 머리이신 예수 그리스도와 그 사람 자신의 고유한 관계다(에페 1,23 참조).

주님의 어머니요 교회의 어머니

마리아는 영원한 말씀이 사람이 되실 때 하느님의 종이 되기로 "영원으로부터 예정"되어 계셨으므로(루가 1,30; 로마 8,29; 에페 1,4 참조), 따라서 예수와 마리아의 — "주님의 어머니"(루가 1,43)라는 — 관계가 교회와 마리아의 관계도 동시에 규정짓는다. 마리아는 예수의 어머니시라는 관계가 마리아의 형제자매인 "그리스도의 몸"의 지체들과의 관계에도 반영된다. 그래서인즉, 마리아는 "은총의 세계에서 우리의 어머니"시다. 다시 말하면, 마리아는 신자마다에게 어머니이자 또한 언니 혹은 누님이시다(루가 8,20 참조).

공의회는 사람이 되신 하느님의 아들과 그분의 구원 활동에 마리아가 어머니로서 구실하신 각 단계를 꼽아 나감으로써 예수와 마리아의 이 독특한 관계를 전개한다. 마리아는 믿음으로 "주님의 종"(루가 1,38)이 되셨으므로 "예수의 어머니"(요한 2,1; 마르 6,3)로서 "죄에서 구원하실"(마태 1,21) 분이라는 탄생 예고의 당연한 귀결인 예수의 사명과도 맺어지셨다. 마리아는 구원의 중개자이신 아드님의 동반자시다.

한 모자 관계가 이보다 깊을 수도 있는가! 마리아는 하느님의 구원 계획에 믿음으로 순종하면서 "불타는 사랑"으로 아드님을 배고 낳으신다. 성전에서 율법대로 "그분의 아버지" 하느님께 바치신다. 십자가에서 우리를 위해 수난하고 운명하시는 아드님과 아픔을 함께하신다. "당신 영혼을 칼이 꿰뚫을 것입니다"(루가 2,35).

"은총의 세계에서 우리의 어머니"

마르코 복음서가 모름지기 가르쳐 주듯이, 마리아와 예수의 관계는 한 모자간의 심리에만 근거하는 것이 아니다. 단연 중요한 것은 혈연이라는 자연적 관계가 아니다. 마르코에 따르면 "예수의 친척들"은 그분의 공공연한 활동 소문을 듣고는 그분을 억지로 집에 데려가려 했다(마르 3,21-35; 6,3; 요한 7,5 참조). 친척 혹은 — 대가

족, 씨족, 혈족이라는 의미로 — 가족이 고깝게 여긴 것은 예수의 대중적 인기 때문이 결코 아니다. 스승(랍비) 행세 때문도 아니다. 이쯤이라면야 유다교 전래 관행의 틀 안에 있는 셈이다. 마르코 복음서 첫 장만 훑어도 금방 보이듯이, 예수는 유다교의 틀을 깨뜨리신다. 당신이 율법학자나 예언자나 의인으로만 해석되기를 내버려 두시지 않는다!

예수는 마지막 시대 하느님 나라의 도래를 선포하신다(마르 1,15 참조). 율사들과 달리 하느님스런 권위를 가지고 가르치신다(마르 1,22 참조). 당신 자신이 죄를 용서하시는데, 이것이야말로 하느님만의 권한이다(마르 2,10 참조). 예수는 안식일보다도 위에 계신 주님으로 자처하신다(마르 2,28 참조). 당신 자신과 당신 사명을, 당신이 하느님 나라와 하느님 현존의 마지막 시대 중개자인 "인자"이심을 믿으라고 요구하신다(다니 7,13 참조).

바로 이렇기 때문에 친척들도 예수와의 새로운 관계가 필요했다. 예수의 피붙이요 유다 민족과 종교 공동체에 속한다는 차원에만 붙박여 있을 수는 없었다. 다른 모든 이처럼 예수의 어머니와 친척들도 신앙의 모험을 요청받았다. 예수께서 아버지로부터 받은 소식과 사명을 믿고 따름이 예수와 함께함의 잣대가 되어야 했다. "누구든지 하느님의 뜻을 받들어 행하는 이런 이가 내 형제요 자매요 어머니입니다"(마르 3,35).

예수 생시에 친척들이 이 요청에 어떻게 대처했던지 마르코가 더 전해 주는 바는 없다. 예수의 어머니말고 "예수의 형제들"을 두고 요한 복음서는 그들도 "예수를 믿지 않았다"(요한 7,5)고 말한다. 그런가 하면 이 복음서는 마리아를 신앙인으로 소개한다. 그것도 처음에 가나 혼인 잔치 동안 예수의 하느님스런 영광이 계시되는 대목(요한 2,11)에서, 또 마지막에 십자가에서 예수께서 애제자에게 당신 어머니를 그의 어머니로 맡기시는 대목(요한 19,27)에서.

자기 복음서에서 마리아를 신앙과 예수 추종의 큰 인물로 그리는 루가는 사도 행전에서 성 금요일과 부활절 후 사도들이 마지막 시대 성령 강림을 기다리며 기도에 전념할 때 "여자들과 예수의 어머니 마리아와 예수의 형제들도 함께 있었다"(사도 1,14)고 말한다.

마리아는 신앙의 차원에서, 신앙을 통해 선사된 예수 그리스도와 교회와 그 다양한 지체들과의 관계라는 차원에서 우리에게 어머니요 언니 혹은 누님이시다. 동포나 친척이나 동지 같은 자연적 유대가 아니라 은총의 세계에서 마리아는 우리를 위해 어머니요 동행자로서 예수 그리스도 추종의 길을 함께 걸으신다.

우리의 구원에 끊임없이 협력하시는 마리아

62항: 은총의 계획 안에 있는 이러한 마리아의 모성은 주님 탄생의 예고에 믿음으로 동의하시고 십자가 밑에서도 흔들리지 않고 간직하셨던 그 동의에서부터 모든 뽑힌 이들의 영원한 완성에 이르기까지 끊임없이 지속된다. 실제로 하늘에 올림을 받으신 성모님께서는 이 구원 임무를 그치지 않고 계속하시어 당신의 수많은 전구로 우리에게 영원한 구원의 은혜를 얻어 주신다. 당신의 모성애로 아직도 나그넷길을 걸으며 위험과 고통을 겪고 있는 당신 아드님의 형제들을 돌보시며 행복한 고향으로 이끌어 주신다. 그 때문에 복되신 동정녀께서는 교회 안에서 변호자, 원조자, 협조자, 중개자라는 칭호로 불리신다. 그러나 이것은 유일한 중개자이신 그리스도의 존엄과 능력에서 아무것도 빼지 않고 아무것도 보태지 않는다고 이해되어야 한다.

실제로 어떠한 피조물도 강생하신 말씀 곧 구세주와 결코 똑같이 헤아려질 수 없다. 그러나 그리스도의 사제직에 교역자나 신자들이 여러 모양으로 참여하듯이, 또 하느님의 유일한 선성이 피조물들 안에서 실제로 갖가지 모양으로 퍼져 나가듯이, 구세주의 유일한 중개도 피조물들 가운데에서 그 유일한 원천에 참여하는 다양한 협력을 가로막지 않고 오히려 불러일으킨다.

마리아의 이러한 종속적인 임무를 교회는 의심 없이 믿고 끊임없이 체험하며, 신자들의 마음에 권장하여 어머니의 이러한 도우심과 보호로 중개자 곧 구원자를 더욱더 가까이 따르자고 한다.

앞의 61항은 "은총의 세계에서" 마리아가 교회의 어머니시라는 생각 아래 있었다. 이제 이런 어머니로서 마리아가 교회에 대해 또 교회를 위해 하시는 활동이 62-64항으로 단락지어 이어진다.

피조물 협력으로 하느님 전능이 제한되지 않는다

하느님은 당신 구원 계획의 수행에 인간이 협력할 능력을 주셨다. 피조물은 말하자면 하느님이 보이지 않는 줄을 움직여 내키는 대로 부리시는 그런 꼭두각시가 아니다. 하느님은 인간을 자유로운 인격체로 창조하셨다. 그런즉 언제나 하느님은 인간에게 인격적 차원에서 말씀하시고, 인간이 자신의 자유와 결단 능력을 가지고 자신의 책임 아래 자신의 삶을 가꾸기를 요청하시며, 인간을 움직여 자신의 자유를 그 본질에 맞게 수행하도록 이끌고자 하신다. 창조주 하느님이 인간과의 경쟁을 두려워하실 필요란 없다.

하느님의 전능이 피조물의 활동으로 제한되기는커녕 오히려 반대다. 자유와 완성에 이르도록 은총 속에 부름받은 인간 자신의 자발적 활동에서야말로 하느님의 힘이 드러난다.

지상에서 예수께서 구원 활동을 하실 때 마리아는 하느님의 구원 계획에 예정된 능동적 역할을 수행하셨지만, 그렇다고 비할 데 없이 독특한 예수 그리스도의 중개가 위협받은 것은 아니다. 마찬가지로 죽고 나서 마리아는 부활한 주님이신 예수 그리스도와 결합하여 하느님의 영원 속에 살면서 계속 — 그것도 한층 더 — 아드님의 형제자매들을 위해 "구원의 은혜를 얻어 주는" 임무를 수행하신다.

이 구원의 은혜를 얻어 주는 임무란 무엇을 하는 것인가? 교회 헌장 7장과 8장에서 공의회는 신약 성서에 이미 나타나는 대로 지상 교회와 천상 교회의 일치에 대한 믿음을 강조했다. 신앙과 세례를 통해 그리스도의 지체들이요 죽어서는 승천하신 그리스도와 결합하여 살게 되며 그래서 하느님 안에서 완성되는 그런 사람들이야말로 그리스도께 속한 다른 이들과도 철저히 결합하는 공동체를 이룬다. 사라질 수 없고 식을 수도 없는 사랑 속에 살게 된다. 이 사랑이 모든 덕을 묶어 완성하는 "완덕의 끈"(골로 3,14)이다. 사랑과 상호 연대 속에서 이 생명의 일치를 근본적으로 표출하는 한 형태가 전구傳求다.

프라 안젤리코(✝ 1455년) 「성모 마리아의 대관식」
"하늘에 올림을 받으신 성모님께서는
이 구원 임무를 그치지 않고 계속하시어 당신의 수많은 전구로
우리에게 영원한 구원의 은혜를 얻어 주신다."

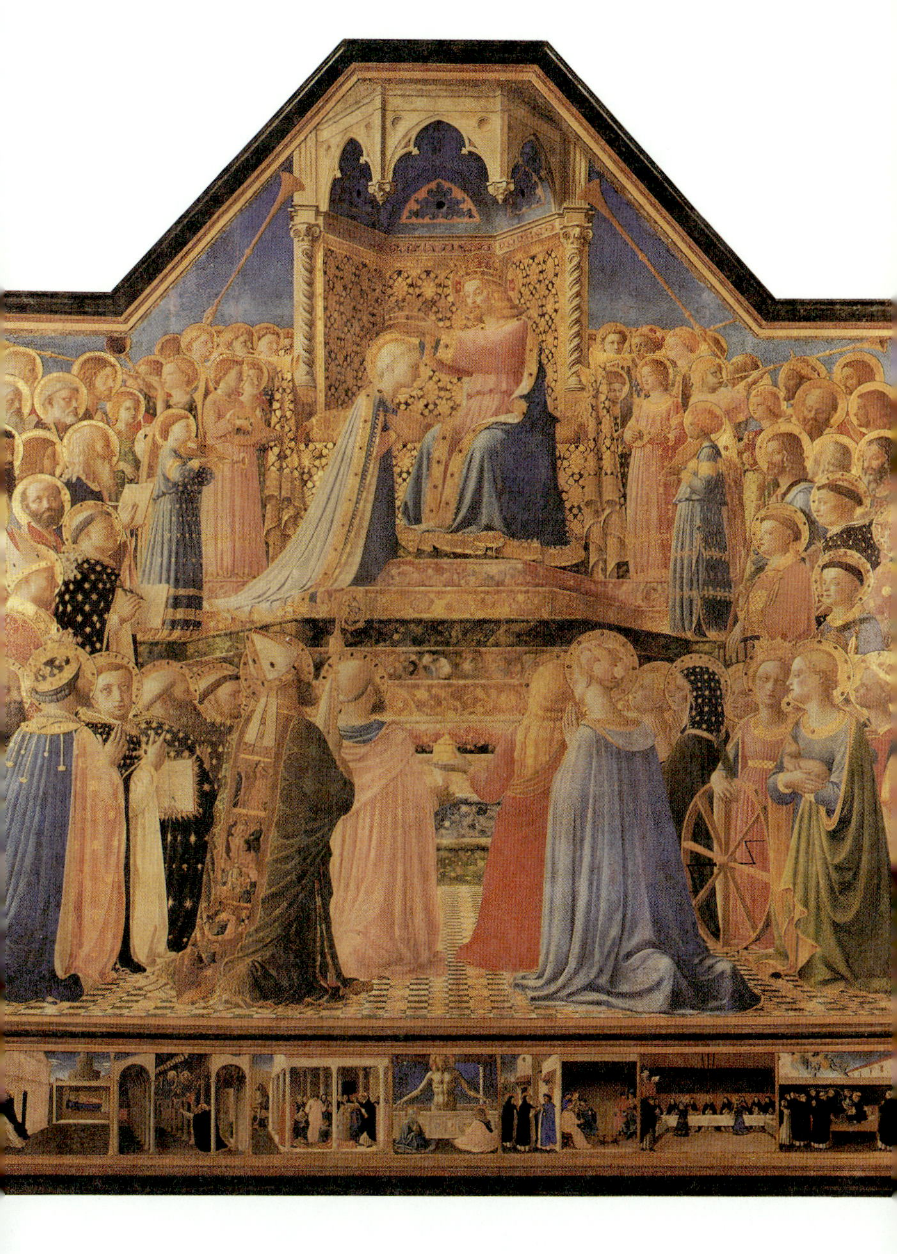

전구란 무엇인가?

그리스도인들이 지상 생활을 좀더 견뎌낼 만하게 가꾸기 위해서만 사랑이 요청되는 것은 아니다. 전구는 사랑을 수행하는 한 형태이며, "영원한 구원의 은혜를 얻어 주는" 것과 어떤 관계가 있다.

이미 자주 밝혔듯이, 기도란 사람들이 전에는 없던 하느님의 구원 의지를 비로소 끌어내어 보겠다는, 혹은 하느님께 줄줄이 청원을 쏟아 바쳐 드디어 자기 자신과 자신의 곤경을 하느님이 눈여겨보시게 하고야 말겠다는 그런 것이 아니다. 그리스도인의 기도는 하느님에게서 어떤 효험을 얻어 내려고, 하느님께 사람의 근심 걱정과 어려운 처지를 알려 드리고 그래서 마침내 하느님이 활동하시게 하려고 피조물 쪽에서 주도하는 그런 행위가 아니다. 우리의 모든 행동과 청원에 앞서 하느님이 먼저 은총을 베푸심에, 예수 그리스도 안에서 당신 자신을 거저 나누어 주심에 사람이 성령 안에서 응답하는 그런 행위다. 곧, 은총이 우리가 청하기에 앞서 베풀어진다는 말이다.

사람은 하느님의 은총이 거저 베풀어짐을 체험하면서 이 때가 청할 기회임을 알게 된다. 신앙인은 자기 기도의 청허가 이미 보장되어 있음을 알기 때문에 청하기 시작한다. "부르기도 전에 대답하고 말을 마치기도 전에 들어 주리라"(이사 65,24).

그리스도인의 기도에서는 사람이 이미 선사받은 은총에 자신을 연다. 하느님이 주권자로서 당신 구원 계획을 주도해 나가시도록 받아들인다. 기도하면서 사람은 일상적 걱정과 부담, 유혹과 의심 속에서만이 아니라 자기 삶의 방향과 인류 역사 전체에서도 하느님의 구원 의지를 체험하고 미쁨에 찬 마음으로 하느님의 구원하는 그느르심을 받아들일 수 있다. 물론 수동적으로 하느님의 구원 의지를 맞아들이기만 하는 것은 아니다. 무릇 인간은 인격적 존재이므로 자립하여 행동하는 자요 온 인류 운명을 함께 짊어진 자다. 기도란 먼저 베풀어지는 하느님의 사랑에 대한 유익한 응답일진대, 특별히 남들의 구원을 위해 기도하는 전구야말로 하느님의 포용적 구원 계획에 교회의 모든 지체가 응답하는 공동체 차원의 구체적 실현이다.

마리아는 죽음 뒤에 영원한 완성 속에서 천상 교회의 모든 지체처럼 지상 교회의 형제자매들과 결합되어 계시다. 이들은 아직 신앙의 순례 길을 걷고 있다. 하고많은 위험과 곤경을 통과하며 마지막 목표를 향해, 영원한 고향을 향해, 하느님 안의 완성을 향해 나아가는 도중에 있다. 이 나그넷길에 마리아는 구원이 완전한 모습으로 이루어지기까지 거들어 주신다. 어머니가 자녀들을 사랑하고 돌보며 믿음과 사랑이 성숙하도록 슬기롭게 이끌듯이.

마리아의 전구에 호소함은 옳은가?

나그넷길을 걷는 교회에 대한 마리아의 이 자세를 좀 더 가까이 살펴볼 때 "변호자, 원조자, 협조자, 중개자"라는 칭호에 이르게 된다. 공의회는 마리아를 단순히 이런 칭호가 가리키는 그분이라고 말하지 않는다. 공의회가 선택하는 표현은 교회가 이런 칭호로 마리아를 부르는 데 신중하다는 것이다. 이런 칭호가 마리아에게 예수 그리스도와 똑같은 식으로 적용되지는 않는다는 데 주의를 환기하는 것이다.

이런 칭호로 하늘의 성인들을 부르는 관습은 이미 2~3세기부터 전거가 있다. 성인 전구는 내용상 신약 성서에서 증언하는 그리스도와 교회의 내적 관계에 근거한다. 여기서 예수와 마리아의 관계야말로 특별한 의미가 있다. 마리아에게서 하느님이 사람이 되셨으므로. 은총받은 신앙으로 마리아가 하느님 약속의 말씀을 믿어 기꺼이 주님의 어머니가 되셨으므로. 이를 두고 걸핏하면 숙덕거리는 끈질긴 오해들과 더러는 터놓고 가톨릭 신앙을 깎아내리는 비방들에 새삼 대처하고자, 공의회는 이로 말미암아 유일한 중개가 격하되거나 의문시되는 것이 아님을 거듭 강조한다. 사람이 되신 하느님의 말씀이요 인류의 구원자이신 예수의 존재와 사명과 활동은 그 강도만이 아니라 바로 그 본질에 따라 하느님의 구원 계획에 대한 피조물의 협력과 구별된다.

몸의 머리이신 예수 그리스도는 몸을, 즉 교회와 그 지체들을 당신 구원 활동에 참여시키실 수 있다. 교회를 통해서도 당신 자신의 구원 활동을 현재화하실 수 있다. 이로 말미암아 당신의 독특한 지위가 잃을 것도 없고 얻을 것도 없다. 예수 몸소 교회 지체 상호간의 공동체 유대를 지탱하시므로, 결국 당신이 인간 협력의 제약을 받는 것이 아니라 인간들이 당신의 뜻으로 활동할 수 있게 된다. 예컨대 예수 그리스도의 사제직도 마찬가지다. 사제직에 축성된 교회의 봉직자들도 또 신자 백성도 갖가지로 이에 참여하는데, 이로써 그리스도의 하나인 사제직이 보완되거나 감축되는 것은 아니다. 또 다른 예로 하느님의 호의도 창조 행위에서 모든 피조물에게 갖가지로 쏟아졌지만 그래서 증가하거나 소모되는 것은 아니다. 공의회는 그리스도의 중개가 유일하되 고갈되지 않는 원천이라고, 거기서 교회의 모든 협력이 솟아나고 생기를 얻으며 일깨워진다고 말한다.

마리아의 어머니다운 전구를 체험하는 교회

공의회는 하느님의 구원 계획을 믿는 신앙으로 "마리아의 이러한 종속적인 임무"를 고백한다. 이것은 한갓 이론적인 신앙 고백이나 내용상 바른 신학적 발설만이 아니다. 공의회는 교회가 그 영성 생활에서 마리아의 이 사랑과 어머니다운 보살핌을 "끊임없이 체험"도 하고 있다고 말한다. 마리아의 전구와 그것을 청하는 신자들의 호소가 서로 주고받는 관계에 이렇게 살아 있는 영성 체험이 깊이 깔려 있다. 교회에는 참으로 시대의 큰 요청에 대응하고 대처하는 내면의 영성 역사가 있다. 성인들은 영성의 깊이를 드러내는 또 따라서 각 시대 교회의 영성 쇄신을 대표하는 분들이다. 교회의 인정도 받은 우리 세기의 마리아 발현들에서 중요한 것은 무슨 밀교스런 비밀을 알아내는 일이 아니라, 마리아가 세상에 회개와 평화를 호소할 때 그 예언자적 봉사를 알아보는 일이다.

공의회는 모든 신자가 이 체험을 마음에 새기며 시대 속의 하느님 말씀에 귀가 밝아지기를 바란다. 신자들에게 마리아의 어머니다운 사랑과 보살핌을 가리키면서 공의회가 겨냥하는 목적인즉, "중개자 곧 구원자를 더욱더 가까이 따르자"는 것이다.

63항: 복되신 동정녀께서는 신적 모성의 은혜와 임무로 구세주이신 아드님과 일치되시고, 당신의 탁월한 은총과 임무로 교회와도 밀접히 결합되어 계신다. 이미 암브로시오 성인이 가르친 대로, 믿음과 사랑 그리고 그리스도와 이루는 완전한 일치의 영역에서 천주의 성모님께서는 교회의 전형이시다.

실제로 교회 자체도 당연히 어머니라 또 동정녀라 불리는 그 교회의 신비 안에서 복되신 동정 마리아께서 앞장서 가시며 탁월하고도 독특하게 어머니로서 또 동정녀로서 모범을 보여 주신다.

사실 마리아께서는 믿고 또 순종하시어 바로 성부의 아들을 세상에 낳아 드렸다. 참으로 남자를 몰랐지만 성령의 그느르심을 받아 새 하와로서 옛 뱀이 아니라 하느님의 사자에게 어떠한 의혹도 섞이지 않은 믿음을 보여 드렸다. 그리고 하느님께서 많은 형제들 가운데에서 맏아들로 삼으신(로마 8,29 참조) 성자를 낳으셨으며, 그 형제들 곧 신자들을 낳아 기르는 데에 모성애로 협력하신다.

받음과 전함

신앙과 추종을 통해 마리아는 하느님과 이중으로 내적 결합 관계에 계시다. 그 하나는 은총을 받아들이시는 관계요, 다른 하나는 은총에서 나오는 힘으로 활동하시는 관계다. 은총은 언제나 선사인 동시에 과업이요 소명을 뜻한다. 하느님이 사람을 구원으로 부르신다면, 이 부르심을 사람이 깨닫는다는 것 자체가 스스로 이에 동의하고 능동적으로 이에 따라 활동함으로써만 이루어진다.

이런 이중의 의미로 — 한편 은총을 받는다는 또 한편 받은 은총을 다시 선사한다는 의미로 — 마리아는 교회도 그런 것처럼 동정녀요 어머니시라고 일컬어진다. 이미 구약 성서에서 야훼와 이스라엘의 계약 관계를 신랑과 신부라는 상징어로 표현했거니와, 거기서는 이스라엘을 계약의 신부로서 "동정녀인 딸 시온"이라고 부른다. 신약 성서에서 마리아는 사람이 되신 하느님의 아들을 동정녀로서 잉태하심으로써 말하자면 두루 온 인류와 신약 백성의 신앙 자세를 아우르신다. 그 은총의 잉태에서 성탄의 결실이 생겨나듯이, 교회와 그리스도인 각자의 신앙도 열매 없는 피동이 아니다. 오히려 중요한 것은 주어진 구원의 결실을 참으로 낳는 일이다. 곧, 예수 그리스도를 태어나시게 하는 일이다 — 역사상 베들레헴에서 마리아의 몸에서처럼, 교회의 신앙과 사랑에서도(에페 4,13 참조), 또 "하나하나 사람마다의 마음 안에도"(Angelus Silesius).

교회의 전형인 동정녀요 어머니

마리아는 하느님의 예고 말씀을 믿고 성령에 의해 하느님의 아들을 잉태하심으로써 하느님의 은총 의지와 교회의 관계를 보여 주는 원형, 즉 교회의 전형이시다. 밀라노의 성 암브로시오가 쓴 루가 복음서 해설을 원용하여 옳게 말할 수 있거니와, 마리아는 동정녀요 하느님의 어머니로서 "믿음과 사랑 그리고 그리스도와의 완전한 일치로 보아 교회의 전형"이시다. 그래서 교회도 이미 2세기 교부 시대부터 동정녀요 어머니라고 일컬어진다. 구약 성서에서처럼 교회는 신약의 하느님 백성으로서 "동정녀인 딸 시온"을 체현한다. 말하자면 교회는 신부로서 신랑인 그리스도와의 관계에서 신앙으로 번번이 새삼 하느님의 말씀을 수태하고, 마리아처럼 마음에 간직하며, 구체적 예수 추종으로 어머니처럼 세상에 출산한다.

예수 그리스도는 물론 교회의 창시자요 그 머리시다. 그러나 신자들이 증거하는 말과 행동에서도 말하자면 교회한테서 태어나시고, 동방 현자들이 대표하는 바와 같은 이방인들의 구세주로서 세상에 드러나 경배받으신다(마태 2,11 참조). 마리아는 교회도 그런 것처럼 은총으로 말미암은 인간의 잉태와 탄생과 성장에 협력하신다. "동정녀"와 "어머니"라는 두 개념이 다 이런 사정을 표현한다.

세례에서 교회는 영세자를 하느님 자녀로 낳는다

특별히 세례 성사에서 그리스도인 각자마다의 하느님 관계가 이중으로 나타난다. 즉, 신앙으로 그리스도인은 은총을 받고, 삶에서 그 은총이 눈에 보이는 모습을 띤다. 세례받은 사람은 이런 이중 의미로 교회와 맺어져 있다. 개인 신앙의 원형이요 믿음과 사랑으로 그리스도와 완전히 일치해야 할 공동체인 교회의 전형이신 마리아와도 그런 것처럼.

마리아의 신앙을 지향하는 사람은 "모든 일을 마음속에 새겨 곰곰이 생각하신"(루가 2,19.51) 이 마리아에게서 영감도 얻는다. 신앙의 원형이요 그 실효성과 생동성의 전형으로서 마리아는 교회와 각 신자마다에게 귀감이 되고 힘찬 전구를 통해 참으로 돕는 동반자가 되어 신앙의 나그넷길에서 모든 이가 마지막 시대에 하나인 성인 공동체 안에 일치하기까지 거들어 주신다.

동정녀요 어머니인 교회

64항: 그리고 또한 교회는 마리아의 깊은 성덕을 바라보며 그 사랑을 본받고 하느님 아버지의 뜻을 충실히 이행하며 하느님의 말씀을 충실히 받아들여 그 자신도 어머니가 된다. 실제로 교회는 복음 선포와 세례로써, 성령으로 잉태하여 하느님에게서 난 자녀들을 불멸의 새 생명으로 낳는다. 교회는 또한 신랑에게 바친 믿음을 온전하고 깨끗하게 지키는 동정녀이다. 교회는 자기 주님의 어머니를 본받아 성령의 힘으로 동정녀답게 온전한 믿음과 확고한 바람과 진실한 사랑을 간직하고 있다.

교회의 사명인 수태와 출산

이 단락에서 공의회는 앞 항목에서 마리아론을 근거로 전개한 원칙들을 직접 교회에 적용한다. 앞에서는 마리아를 가리켜 하느님 관계의 기초요 핵심인 믿음으로 말미암아 동정녀이자 어머니시라고 했다. 이제 인간이 하느님을 믿는 관계를 "동정녀"라는 개념 아래 제시하는 까닭인즉, 계약의 백성인 이스라엘과 각 의인마다가 하느님과 결합한 공동체 관계는 신부가 신랑을 사랑하고 신뢰하는 인격적 관계에 걸맞기 때문이다. 계약에서 하느님이 세상을 상대하심은 마치 입법자가 자기 영토의 신민 위에 군림하거나 기술자가 자기 기계를 다루는 것과 같은 그런 외형 관계가 아니다. 인간은 태어나면서 이미 인격적 자기 전달의 피조물이다. 이것이 인간의 목표요 인간 실존의 기초다. 하느님과 인간의 관계는 인격적 내면 관계로 이해되고 묘사되어야 한다.

새로운 계약의 백성인 교회는 하느님과 사람이 되신 하느님의 아들 예수와 마리아의 관계에서 이미 현실로 그 전형이요 원형이 되어 있는 바를 그 존재와 사명을 통해 실현한다. 믿음에 의한 은총의 수태라는 관점에서 교회는 "동정녀"라고 일컬어질 수 있다. 그 지체들의 믿음과 그리스도인 삶이라는 관점에서는 "어머니"라고도 불린다. 그 선포와 신앙에서 그 지체들이 모태에서 나오는 자녀처럼 태어나기 때문이다.

마리아의 순종에서 교회 신앙의 순종을 본다

마리아는 신앙과 순종과 사랑으로 아버지의 뜻을 충실히 이행하셨다. 이 원형에서 교회의 본질도 뚜렷이 드러난다. 교회는 신앙과 순종과 사랑으로 하느님의 구원 의지를 받아들여 자신의 삶에 실행할 때 자신의 본질을 가장 설득력있게 수행한다. 물론 오늘날 자주들 순종이라는 말을 오해하는 까닭은 군대나 교육의 종속 관계를 연상하기 때문이다. 성서와 신학의 의미로 순종이란 신앙과 사랑의 내적 일치를 뜻한다.

신앙은 하느님의 권능에 순전히 수동적으로 기대기만 하는 것이 아니다. 하느님의 말씀에 내면의 동의로 응답도 한다. 그래서 하느님의 뜻과, 다름 아니라 하느님의 더없이 깊은 내적 본질 ― 사랑 ― 과 연결짓기도 한다. 순종이란 사람이 하느님의 구원 말씀을 능동적 의지로 경청하고 자기 마음에 부어진 성령 안에서 하느님과 일치함이다(로마 5,5 참조). 신앙의 순종으로 사람은 자기 외부의 율법이 아니라 자기 일신의 소명을 따른다. 이렇게 해서 하느님이 제시하신 계약의 관계 속에 이르러, 하느님의 자기 전달에 올바로 순응한다(창세 15,6 참조: "아브라함이 야훼를 믿으니, 야훼께서 이를 가륵하게 여기셨다").

신앙의 의로움은 인간 쪽에서 보면 계약을 수행함이요 사랑 속에 하느님과 일치함이며 원천이자 목적이신 하느님과 사랑으로 일치하여 인간 의지를 완성함이다.

그러나 의지로 인간이 하느님의 말씀을 듣고 따를 수 있는 것은(루가 11,28 참조) 오로지 하느님이 인간에게 새 마음을 선사하실 때다. 또 마찬가지로 사랑으로 인간이 신앙을 실행할 수 있는 것도 오로지 하느님이 인간 안에 새 영을 불어넣어 "너희가 나의 규정을 따라 살 수 있고 나에게서 받은 법도를 실천할 수 있도록"(에제 36,27) 하실 때다. 이때 이에 부응하는 방향을 가리키는 것이 "너희는 나의 백성이 될 것이요 나는 너희의 하느님이 될 것이다"(에제 36,28)라는 계약이다. 이렇게 소망이던 의로움이 "영의 힘으로 믿음을 바탕으로 하여"(갈라 5,5) 역사에 실현된다.

신앙의 순종에서 열매맺는 하느님과의 친교

이런 의미로 교회는 마리아의 신비로운 성덕을 바라본다. 마리아의 신앙이 의롭고 마리아가 계약에 충실하시다는 뜻이다. 교회는 마리아의 신앙과 순종을 귀감 삼아 마리아의 사랑을 본받고 아버지의 뜻을 충실히 따르도록 부름받았음을 알고 있다. 이렇게 하느님의 말씀을 믿고 받아들이는 결과로, 이제 교회 자신도 신자들에게 어머니가 된다. 예수께서 몸소 사람이 되신 하느님의 말씀으로서 성령으로 잉태되어 동정녀 마리아의 신앙으로 인간 실존에 들어오신 것처럼, 그리스도인 실존도 아버지께 대한 예수의 아들 관계에 참여함을 의미한다(갈라 4,4-6; 로마 8,15.29 참조). 그리스도인은 누구나 아버지의 자기 전달 말씀을 통해 말하자면 하느님의 자녀로서 성령에 의해 잉태된다. 신앙인들은 "물과 성령"으로 다시 태어난다(요한 3,5; 디도 3,5 참조). 맹목적 물질 작용의 소산이나 피안 "시계공 신"의 작품이 아니라, "하느님에게서 난 이들"(요한 1,13)이다. 예수 그리스도로 인해 성령 안에서 계시된 하느님의 자녀로서 인간이 안내받는 것은 하느님께 종살이하는 관계가 아니라 하느님과 친교하는 관계, 곧 새롭고 영원한 계약, 새롭고 불멸하는 생명이다.

"주님의 종입니다. 말씀대로 저에게 이루어지기 바랍니다"(루가 1,38)라는, 천사의 소식에 대한 마리아의 응답은 자주 오해되고 있다. 이 발설은 굴종이나 예속과 아무 상관도 없다. 하느님의 구원 의지가 역사에 실현되는 데 기꺼이 봉사할 태세를 표현한다. 마리아의 응답에는 하느님이 "이제부터 만세가 복되다고 찬양하게 될 당신 종의 비천함을 굽어보셨다"는 통찰이 이미 담겨 있다. 이 하느님은 당신을 두려워하는 이들에게 자비를 베풀고 비천한 이를 들어올리며 굶주린 이들은 좋은 것으로 채워 주시는 분, 아브라함과 그 후손에게 언약한 자비를 기억하여 당신 종 이스라엘을 거두어 주신 분이다(루가 1,46-55 참조). 믿음으로 하느님의 종이 되고

추종으로 예수의 제자가 되는 사람, 그를 일컬어 주님
은 이제 종이 아니라 벗이라 하신다.

마리아의 모범을 따르는 하느님의 공동체

하느님의 말씀을 설교하고 세례에서 하느님의 불멸
하는 구원 제공을 전달함으로써 신자들을 그리스도의
몸에 지체로 태어나 그 공동체의 일원이 되게 한다는
그런 의미에서 교회는 어머니다. 이와 관련해서 또한
더없이 분명해지거니와, 교회는 결코 일정한 강령을 갖
춘 외형적 종교 단체가 아니다. 사회학과 정치학의 잣
대로는 교회의 본질이 파악되지 못한다. 교회는 본질적
으로 신비다. 신앙에 비추어서만 역사상 하느님 자기
전달의 사건 전모에서 만인의 구원과 생명으로 이해되
고 내면에 수용될 수 있는 그런 신비다.

이런 의미로 교회는 마리아의 신앙 자세를 향해 있
다. 마리아는 한 번만 하느님의 말씀에 응하신 것이 아
니다. 마리아의 온 생애가 선포의 말씀에 충실하고 자
기에게서 사람이 되신 하느님의 말씀, 즉 예수 당신께
충실한 자세로 일관했다. 신앙의 충실성이 마리아의 생
활 준칙이었다. 교회도 이 임무에 충실할 의무가 있다.
엄청난 시간과 공간의 차원에 걸친 교회의 삶도 하느님
의 말씀에 대한 충실로 사무쳐 있어야 한다. 교회는 항

상 성령의 힘으로 원래의 신앙을 보존하고 세상에 희망의 확고한 징표를 보여 주어야 한다.

교회의 본질이 가장 깊은 내면에서 열리어 나타나는 것은 교회가 모든 신앙인이 서로 나누는 사랑의 공동체로서 또 삼위일체 하느님이 당신 창조계와 그 속의 인간마다에게 베푸시는 사랑의 성사로서 인식되고 이해되는 거기서다. 그래서 처음부터 교회 헌장은 교회의 신비가 삼위일체 하느님의 신비에 근거한다고 말한다. "복음의 힘으로 성령께서는 교회를 젊어지게 하시고 끊임없이 새롭게 하시며 자기 신랑이신 그리스도와 일치를 이루도록 이끌어 주신다. 성령과 신부가 주 예수님께 '오소서!' 하고 말씀하신다(묵시 22,17 참조).

이렇게 온 교회는 '성부와 성자와 성령의 일치로 모인 백성'으로 나타난다"(4항).

65항: 교회는 지극히 복되신 동정녀 안에서 이미 완덕에 이르러 어떠한 티나 주름도 없이 서 있지만(에페 5,27 참조), 그리스도 신자들은 아직도 죄를 극복하고 성덕 안에서 자라나도록 노력하고 있다. 그러므로 신자들은 눈을 들어 뽑힌 이들의 온 공동체에 덕행의 모범으로 빛나고 계시는 마리아를 바라본다.

교회는 자녀다운 효성으로 마리아를 받들고 사람이 되신 말씀의 빛으로 마리아를 바라보며 드높은 강생의 신비를 공경하고 더 깊이 파고들어 갈수록 더욱더 자기 신랑을 닮아 간다. 마리아께서는 실제로 구원의 역사 속으로 가장 깊이 들어가시어 신앙의 최고 진리를 어느 모로 당신과 결합시키고 반영하시므로, 찬미와 공경을 받으실 때에 당신 아들과 그 희생으로 또 성부의 사랑으로 신자들을 부르신다.

　그리고 그리스도의 영광을 추구하는 교회
는 자신의 탁월한 전형과 비슷해져, 끊임없이
믿음과 바람과 사랑 안에서 나아가며, 모든
일에서 하느님의 뜻을 찾고 따른다. 그러므로
교회는 그 사도직 활동에서도 당연히 그리스
도를 낳으신 마리아를 우러러보며, 바로 성령
으로 잉태되시어 동정녀에게서 태어나신 그
리스도께서 교회를 통하여 신자들의 마음 속
에도 태어나시고 자라나시기를 바란다. 그 동
정녀께서는 당신의 생애에서 저 모성애의 모
범이 되셨으며, 그 모성애로 교회의 사도직
사명 안에서 사람들이 새로 나도록 협력하는
모든 이가 활력을 찾아야 한다.

앞 항목에서는 마리아와 교회의 일치를 펼쳐 보였다. 그러나 이제 이 항목의 주제는 마리아와 교회 사이에 존속하는 차이다. 이미 보았듯이, 교회의 신비는 그 원천과 그 사명이 "동정녀"와 "어머니"라는 개념으로 바꾸어 표현될 수 있었다. 그러나 바로 여기서야말로 단연 구별도 절실하다. 즉, 마리아는 이미 완성에 이르러 계시지만, 교회는 반면에 아직 완성을 향한 순례 도상에 있다.

성인들과 죄인들의 교회

당대 역사와 사회의 조건 아래 살면서 그 지체들의 인간적 속성과 정신적 특성에 의해 제약도 받는 구체적 교회는 "세상의 박해와 하느님의 위로 속에서 나그넷길을 걷는다"(8항)[6]. 이 나그네 처지로 말미암아 교회는 성성과 죄성이라는 두 특성을 띠게 된다. 둘 다 교회 안에 나타나 존속한다.

한편 교회는 거룩하고 완성되어 있으니, 그 본질과 그 사명이 성령의 현존에서 활력과 생기를 얻고 있기 때문이다. 교회가 거룩하다는 것이란 교회는 그 지체들이 결함과 과오가 있는데도 결코 그 사명에서 벗어

---

[6] 아우구스티노Augustinus 「신국」*De civitate Dei* XVII.

날 수 없다는 뜻이다. 다른 한편 교회와 그 지체들의 태만과 한계성과 사실상의 범죄, 믿음이 작고 사랑이 모자라며 하느님이 선사하신 희망 앞에서 절망하는 무기력 — 이런 것들은 과연 뚜렷이 교회의 신빙성을 제약한다. 사도 바울로의 말씀대로 지금도 교회의 얼굴은 "때나 주름이나 어떠한 흠도 없이"(에페 5,27) 깨끗한 것이 아니다. 교회는 끊임없이 정화와 용서와 쇄신이 필요하다. 그래서 공의회는 말한다. "거룩하면서도 언제나 정화되어야 하는 교회는 끊임없이 참회와 쇄신을 추구한다"(8항).

물론 교회의 성성과 죄성이라는 양면에 관해 말한다는 것은 이를 마치 통계상의 두 지수처럼 나란히 놓고는 그 합계가 말하자면 교회의 본질이 된다는 그런 말이 아니다. 교회의 본질은 선사받은 은총과 성성에 있다. 교회는 그 자신의 중심에서 비롯하는 길을 걸어야 한다. 그래서 늘 새삼 죄를 이기고, 역사를 통과하는 길에서 내면의 성덕을 빛내며, 시대의 마지막에 완성에 이르도록.

죄를 거슬러 성덕을 낳는 일인 이 능동적 예수 추종에서 매우 중요한 것은 신자들이 얼마만큼 그리스도의 잣대에 맞출 자세가 되어 있느냐다. 바로 여기서 마리아는 교회의 전형이시니, 마리아야말로 이미 교회의 목표인 사실상의 완덕을 보여 주시기 때문이다. 그래서 공의회는 마리아가 교회에 덕행의 모범으로 빛나신다고 말한다. 여기서 덕행이란 말뜻 그대로 실행과 그 바탕에 깔린 실천하려는 자세를 뜻한다. 다름 아니라 "하느님의 말씀을 따름"을.

마리아에게서 우리는 하느님의 깊은 신비를 본다

교회는 그 원형이신 마리아를 지향하면서 하느님 은총의 신비를 더욱 깊이 묵상하고 삶에 옮긴다. 신앙의 신비들은 이론으로 간직해 놓고 써먹거나 말거나 하는 그런 정보들이 아니다. 살아 계신 하느님 당신이 신앙의 신비시다. 즉, 하느님이 당신 말씀으로 인간에게 다가오며 당신 자신을 주신다.

그러나 하느님이 다가오시는 데는 사람 쪽의 마중이 필요하다. 사람이 하느님을 위해 결단하고 하느님의 말씀을 받아들이며 삶의 요청들을 늘 거기에 연결짓는 그런 신앙 행위가 필요하다. 신앙의 길은 새삼스런 이해의 길이다. 사람의 마음 속에, 생각하고 느끼며 원하는 그 속에 하느님이 가까이 계심을 더 깊이 새겨 들이는 그런 길이다. 이렇게 해서 강생의 신비 속에 더 깊이 파고드는 일이, 또 그 속에서 더욱 더 그리스도와 닮아 가는 일이 일어난다. "신부와 신랑"의 마음이, 사실 하느님과 인간 사이의 계약 관계가 비유로 표현되는 그대

로, 새록새록 더 사랑 속에 하나가 되어 간다(에페 5,28;
묵시 19,7; 22,17 참조).

마리아를 바라볼 때 교회는 하느님이 세상에 들어오
시는 맥락 전모를 — 말하자면 한 인물에게 농축된 형
태로 — 알아본다. 마리아의 일신에 모든 신앙의 신비
가 아우러져 있다. 마리아는 믿음으로 하느님의 말씀에
맞갖은 응답을 드리셨으므로, 마리아의 믿음은 말하자
면 신앙의 신비가 모두 되비치는 거울이다. 창조와 구
원의 역사가 하느님 아버지 안에서 일어났다는 신비도;
그 아버지의 아들이 사람이 되신 예수를 인간 마리아가
성령에 의해 잉태하셨으니, 이 예수 안에서 하느님이
당신을 계시하셨다는 신비도; 끝으로, 그 성령이 인간
들 마음 속에 더없이 귀중하게 현존하신다는, 그리고
영생을 기다리는 희망이 있다는 신비도.

마리아 공경은 하느님 영광과 교회 성장을 촉진한다

교회가 그 선포에서 마리아를 말하고 기릴 때, 이것
이 하느님에게서 무엇인가를 덜어 내는 것은 결코 아니
다. 마리아 공경은 사람들이 하느님의 아들 예수를 옹
글게 알아뵙도록 이끈다. 예수의 순종과 예수께서 십자
가에서 바치신 완전한 희생으로, 아들 안에서 계시된
인간에 대한 아버지의 보편적 사랑으로 인도한다. 마리

아 공경은 그러므로 교회의 성장에, 그리스도의 몸 건설에, 믿음의 일치와 하느님 아들의 인식에 이바지한다. "우리 모두가 하느님의 아드님에 대한 믿음과 지식에 일치해서 완전한 사람이 되고 그리스도의 충만한 경지에 이르도록"(에페 4,13).

마리아 공경은 교회가 그 선사받은 성성을 묵상하는데, 그래서 교회의 사명을 가로막고 만민을 위한 희망의 표지라는 교회의 성격을 흐리게 하는 그 불완전성과 죄성을 극복하는 데 이바지한다. 뒤집어 말하면 또한 교회는 그리스도의 선포에 힘쓸수록 그 탁월한 전형이신 마리아와 더 닮아 간다.

공의회는 마리아 공경과 신자들을 위한 하느님 어머니의 의미 문제를 신심과 전례 생활 영역에만 한정시키지 말 것을 분명히 강조한다. 교회의 마리아 공경은 온 교회의 사도적 소명과도 관계가 있다. 교회의 신앙 선포 협력자들은 하느님 말씀에 동의하고 삶으로 믿음을 증거하시는 마리아처럼 스스로 귀담아 듣고 따르는 사람으로 처신해야 한다. 신앙을 정보로만 전수할 수는 없는 법이다. 이런 "선포"라면 교수법상으로는 제법 훌륭하더라도 효과는 없고 만다. 인간 자신의 신앙을 옮겨 불붙이는 것은 인간 자신의 신앙이 보여 주는 모범뿐이다. 이런 선포와 증거의 일치, 전하는 복음과 "사랑으로 행동하는 믿음"(갈라 5,6)의 일치가 바로 마리아

에게서 역사의 현실로 드러나 모든 이를 위한 귀감이
된다는 것이 공의회의 시각이다.

마리아는 사도직 소명을 수행하는 교회의 위로자

교회의 마리아 교리 발설과 마리아 공경 실천을 그
신학적 핵심에서 바르게 해석한다면, 여기서는 본래 복
음에서 벗어나는 부수 현상들이나 다룰 뿐이라는 의혹
이 말끔히 사라진다. 바르게 이해한다면 마리아 당신을
공경하면서 교회를 위한 마리아의 전형적 의미를 고찰
하는 것이 예수께서 그리스도인들을 불러 파견하신 그
사명을 완전히 인지하기에 이르는 길이다. "그대들은
가서 모든 민족을 제자로 삼아, 아버지와 아들과 성령
의 이름으로 세례를 베풀고, 내가 그대들에게 명한 것
을 다 지키도록 가르치시오"(마태 28,19-20). 마리아를
바라보면서 교회는 시대들을 통과하는 그 여정에서 위
로도 받는다. 그래서 교회는 안심하고 세상의 박해와
하느님의 위로 사이를, 그 약점과 희망 사이를 주님의
약속에 신뢰하면서 통과할 수 있다. "보시오, 나는 세
상 끝날까지 항상 그대들과 함께 있습니다"(마태 28,20).

66항: 하느님의 은총을 통하여 성자 다음으로 모든 천사와 사람 위에 들어 높임을 받으신 마리아께서는 그리스도의 신비에 참여하신 지극히 거룩한 천주의 성모로서 교회에서 특별한 공경으로 당연히 존경을 받으신다.

사실 오랜 옛적부터 복되신 동정녀께서는 "천주의 성모"라는 칭호로 공경을 받으시고, 신자들은 온갖 위험과 곤경 속에서 그분의 보호 아래로 달려들어가 도움을 간청한다. 그리하여 "이제로부터 과연 만세가 나를 복되다 일컬으리니, 능하신 분이 큰 일을 내게 하셨음이로다"(루가 1,48-49 참조) 하신 마리아의 예언 같은 말씀대로, 특히 에페소 공의회에서부터 하느님 백성의 마리아 공경은 존경과 사랑과 기도와 모방에서 놀랍게 발전하였다.

그 공경은 교회 안에 언제나 있었던 그대로 온전히 독특한 것이지만, 강생하신 말씀과 똑같이 성부와 성령께 보여 드리는 흠숭의 공경과는 본질적으로 다른 것이며, 또한 그 흠숭을 최대한 도와 준다.

천주의 성모께 대한 다양한 형태의 신심을 교회는 건전한 정통 교리의 테두리 안에서 시대와 장소의 상황에 따라 또 신자들의 품성과 기질에 따라 승인하였으며, 그 신심은 어머니께서 존경을 받으실 때에 그 아드님 곧 만물이 그분을 위하여 있고(골로 1,15-16 참조) 영원하신 아버지께서 "당신의 완전한 본질을 기꺼이 주신"(골로 1,19) 성자께서 바르게 이해되시고 사랑과 영광을 받으시게 하며 그분의 계명이 준수되게 한다.

66항과 67항은 "교회의 복되신 동정녀 공경"이라는 제목 아래 한 단위를 이루어 있다.

하느님의 어머니 공경이자 우리의 어머니 공경

공의회는 그리스도교 초기부터 마리아 공경이 있었다는 사실을 확인하는 것으로만 그치지 않는다. 개신교 쪽의 온갖 오해를 예방하기 위해 마리아 공경의 기본 원칙도 아울러 지적한다. 즉, 마리아는 아드님 예수 그리스도의 구원 활동과 특별한 관계에 계시다는 것이다. 마리아께 특별한 관심을 가져 마땅한 까닭은 자연적 모자 관계 때문만이 아니라 아드님의 사명에 대한 마리아의 초자연적 신앙 결속 때문이다.

구세주가 그 어머니와 구원사상 결속하신 결과로, 그리스도를 믿는 누구나도 하느님의 아들이 그 어머니와 함께 계시는 구원사상 중요한 공동체에 참여한다. 마리아는 어떤 위인의 어머니가 아니라 "주님의 어머니"(루가 1,43)시다. 예수를 그리스도로 인정함은 구원 계획에서 그리스도의 어머니가 되도록 뽑힌 인간에 대한 하느님의 은혜로운 활동을 인정함도 내포한다. 마리아가 「마니피캇」(루가 1,46-55)에서 당신 믿음으로 말미암아 만세가 당신을 복되다 일컬으리라고 읊으실 수 있었던 것은 무슨 거들먹거리는 자찬이 아니다. 정반대다. 마리아는 겸손하게 자기를 제쳐놓고 하느님을 기리신다. 자기에게 큰 일을 하여 당신 권능을 떨치며 모든 피조물을 은혜로이 보살피시는 그런 하느님을.

마리아를 귀감 삼으며 힘을 얻는 사람은 마리아 당신께도 친근과 사례를 표시하며 공경하게 된다. 이 마리아 공경이 그리스도와의 관계와 나누일 수 없음은 마리아가 그리스도와 따로일 수 없음과 똑같다. 마리아 신심이 특별해 마땅한 까닭은 그것이 주님의 **어머니**를 받드는 일이기 때문이다. 효성스런 친자식이 자기 어머니가 공경받기를 바라는 것은 당연하다. 예수 당신도 십자가에서 한 제자를 내려다보며 마리아를 어머니로 모시도록 당부하셨다(요한 19,27 참조). 이 모자 관계에서 하도 인상 깊게 충정이 드러나는 것처럼 교회는 마리아 공경으로 예수의 어머니께 꺾이지 않은 효성을 바친다.

오랜 옛적 3세기부터 전래된 유명한 마리아 기도[7]에 빗대어 교회는 마리아 공경을 은총 중개자의 어머니 품

---

[7] 『가톨릭 기도서』 19쪽 「일을 마치고 바치는 기도(성모님께 보호를 청하는 기도)」 참조.

가장 오래된 마리아 기도 원문이 적힌 파피루스 단편(3세기경)
"거룩하신 천주의 성모님, 저희를 지켜 주시고
어려울 때 저희가 드리는 기도를 물리치지 마소서.
또한 온갖 위험에서 언제나 저희를 지켜 주소서.
영화롭고 복되신 동정녀시여."

ΠΟ
ΕΥϹΠΛ
ΚΑΙΛΛΕⲓ
ΔΕϹΤΟΛΕΙΤ
ΠΕϹΙΑϹ·ΕШΕΝΙΑ
ΕΙΛΗϹΕШΠΕΡΙϹΤΑΤ
ΑΛΛΕΙϹΚΙΝΔΥΝΟΥ
ΡΥϹΑΙΗΜΑϹ
ΕШΝΗ
ϹΗΥΝΟΟ

에 피신하는 일로 표현한다. 교회의 청원과 마리아의 전구가 주고받는 관계는 영육간 인간 실존의 모든 위험과 곤경을 보듬는다.

431년에 에페소 공의회는 종래에 이미 한 세기 반 동안 통용되던 "테오토코스"(하느님을 낳으신 분 = "천주의 성모")라는 칭호를 그 의미의 온갖 약화와 전환에 맞서서 교회의 신앙 인식으로 확인했다. 이미 말했듯이, 이 칭호는 마치 마리아가 영원한 하느님의 삼위일체 생명 속에서 성부로부터 성자가 나오심에 참여하셨다는 양의 그런 뜻이 아니다. 영원한 하느님의 아들 그분이 마리아에게서 인간 본성을 취하여 태어나셨다는 그런 의미로 마리아는 하느님의 어머니시다. 마리아의 아드님은 하나인 분으로서 참 하느님이자 참 사람이시다.

하느님 흠숭과 마리아 공경은 본디 다르다

마리아를 "하느님의 어머니"로서 또 따라서 우리의 어머니로도 공경한다는 것은 여러 측면을 아우른다. 감사하고 사랑하는 측면도, 마리아의 믿음과 추종을 기꺼이 본받고자 하는 측면도, 또 마리아의 전구와 도움에 호소하는 측면도 있다. 마리아 공경은 그리스도와 성령 안에서의 하느님 흠숭에 의존하며, 오로지 하느님께만이 흠숭을 바치도록 지시한다. 마리아 공경과 하느님 흠숭은 엄별되어야 한다. 그 차이는 공경의 "정도상" graduell만이 아닌 "본질상"essentiell 차이다. 삼위일체이신 하느님을 흠숭함과 은총을 가득 입으신 인간 마리아를 공경함은 동일한 차원에 있는 것이 아니다.

그렇다고 해서 이를테면 성지 순례에서 보이는 것처럼 어떤 열렬한 마리아 공경을 두고 빈정거려도 좋다는 말은 아니다. 같은 성당 안에서도 그리스도의 십자가나 성상이 성모상보다는 눈길을 덜 끄는 모양이니, 그리스도 흠숭에는 역시 해롭다나. 사람이 자기 창조주요 구원자이며 완성자이신 분을 섬기는 종교 행위는 하느님께만, 성부와 성자와 성령께만 해당된다. 마리아께 기도하는 사람은 자신이 아직 그리스도의 몸에 속한 모든 지체와 결합해 있는 처지를 의식하면서 이미 하늘에서 이 몸의 완성된 지체이신 마리아께 — 혹은 다른 성인들께 — 전구를 청한다. 그런다고 해서 결코 하느님과 피조물을 혼동하지는 않는다.

그리스도인이 기도에서 마리아나 한 성인을 향할 때, 그것이 직접 하느님을 흠숭하는 행위는 아니지만, 간접으로 그 성인 안에 계신 하느님도 우러른다. 성인들이야말로 하느님의 은총을 통해 그리스도의 몸에서 완성에 이른 지체들이다. "머리이신 그리스도를 향해 온전히 자라나야 합니다. 그분한테서 온 몸이 영양을 받아서 모든 기관이 관절들을 통해 연결되고 결합되어 각자 맡은 일을 하고, 그리하여 몸은 자라고 또 자라서 사랑으로 스스로를 세우게 됩니다"(에페 4,15-16).

공의회는 교회의 전례와 성사 행위에서 하느님을 흠숭하는 기본 형태와 여느 신심 형태들을 구별할 것을 강조한다. 이들은 역사가 흐르면서 자라났고 갖가지 문화의 특성을 띠고서 오늘날까지 생생히 보존되어 있다. 이를테면 말씀 전례, 염경 기도, 묵상 기도, 순례 행렬들이다. 물론 성찬 전례에서야말로 교회가 마리아와 성인들과 함께하는 공동체라는 의식이 언제나 가장 깊이 표현되지만, 널리 전례 밖의 분야에서 나타나는 마리아 공경도 무시해서는 안 된다. 마리아 공경은 위에 말한 것처럼 예배 형태들로 나타날 뿐더러, 미술과 문학에서도 표현된다.

마리아 공경의 긍정적 효과

마리아 공경 자체가 목적은 아니다. 그리스도의 의미를 흐리게 할 수도 있는 그런 형태라면 마리아 공경이 겨냥하는 바가 아니다. 마리아 공경은 마리아를 말하자면 은총의 **둘째** 원천으로 삼아 하느님과 인간 사이의 유일한 중개자(1디모 2,5)이신 예수와 **나란히** 공경하는 그런 것이 아니다. 또 그렇다고 해서 마리아와 성인들을 공경하는 것이 무슨 군더더기인 것도 아니다. 주님의 어머니 마리아는 하느님의 종으로 자처하셨고(루가 1,38), 그래서 신앙인들에게 마리아 공경은 유익하다. 신앙인은 마리아를 그리스도 때문에 또 그리스도와 함께하는 공동체 안에서 공경한다. 마리아는 당신이 전달하는 기도를 통해 아드님 그리스도를 섬기시며, 그래서 교회에 의해 "성자께서 바르게 이해되시고 사랑과 영광을 받으시게 하며 그분의 계명이 준수되게" 하신다.

마리아와 성인 공경이 머리이신 그리스도와 지체인 신자들 사이의 관계를 심화하여 교회가 구원 공동체로서 강화되고 건설되도록 한다고 말할 수 있는 것은 "나그네들 사이에서 이루어지는 그리스도인의 친교가 우리를 그리스도께 더 가까이 인도하는 것처럼 이렇게 성인들과 이루는 통공도 우리를 그리스도와 결합시켜 주고, 온갖 은총과 하느님 백성의 생명 자체가 그 원천이며 머리이신 그리스도에게서 흘러 나오기 때문이다"(50항).

67항: 거룩한 공의회는 이러한 가톨릭 교리를 분명하게 가르치며, 동시에 복되신 동정녀께 대한 공경, 특히 전례적 공경을 적극 촉진하고, 여러 세기의 흐름에서 교도권이 권장하여 온 성모 신심의 실천과 관습을 중시하며, 지나간 시대에 그리스도와 복되신 동정녀와 성인들의 성상 공경에 관하여 결정한 것들을 경건하게 지키도록 교회의 모든 자녀에게 권고한다.

그리고 신학자들과 하느님 말씀의 선포자들은 천주 성모의 독특한 품위를 숙고하는 데에서 어느 모로든 온갖 거짓 과장이나 지나치게 협착한 마음을 애써 삼가도록 간곡히 권고한다. 교도권의 지도 아래에서 성서와 거룩한 교부들과 교회 학자들과 교회의 전례를 연구하는 사람들은 언제나 모든 진리와 성덕과 신심의 근원이신 그리스도께로 지향하는 복되신 동정녀의 임무와 특권을 올바로 밝혀야 한다. 말로든 행동으로든 갈라진 형제들이나 다른 사람들을 교회의 참된 교리에 대하여 오해로 이끌 수 있는 것은 무엇이든 힘써 막아야 한다.

그리고 진정한 신심은 쓸모없고 일시적인 감정이나 허황한 맹신에 있는 것이 아니라 오직 참된 신앙에서 나온다는 것을 신자들은 명심하여야 한다. 참된 신앙으로 우리는 천주 성모의 탁월함을 인정할 수 있고, 또 우리 어머니께 대한 자녀다운 사랑을 불러일으키고 그분의 덕행을 본받을 수 있다.

66항에서는 교회 내 마리아 공경이라는 주제를 먼저 이론적으로 다루었다면, 이제 67항에서는 좀더 실천적인 문제들에 대답하게 된다.

마리아 공경을 위한 권고

마리아 공경이야말로 개신교 그리스도인들과의 일치 운동 대화에서 얼마나 무거운 짐인지를 공의회 교부들은 물론 알고 있었다. 하느님 흠숭과 성인 공경의 신학적 구별이 이른바 "보통 사람들"에게 이해되기에는 너무나 복잡하다는 깊은 의구심도 엄연한 현실로 의식하고 있었다. 그러나 교회가 오해나 문제스런 신심 관행의 위험이 있을 수 있다 해서 그리스도교 신심의 이 중요하고 정당한 측면마저 싸잡아 눌러야겠다는 그런 결정을 내린 적이란 없다. "구더기 무서워 장 못 담그랴"는 말이다.

공의회가 바라보는 바른 길은 무릇 신앙의 관념과 신심 형태란 언제나 새삼 신앙의 원천과 핵심을 지향해야 한다는 데 있다. 여기서도 가톨릭 교회의 교리와 신심에 "진리의 위계"가 있다는 원칙이 적용된다(일치 교령 11항 참조). 이 원칙에 따라 큰 믿음의 확신을 가지고 공의회는 마리아 공경의 가톨릭 교리를 주눅 들거나 뽐냄이 없이 일치 운동 대화에 내놓는다. 세월이 흐르면서 전례와 개인 신심에서 발전하여 보존되어 온 공경의 형태들을 그 내적 의미에 따라 새삼 창조적으로 소화하기를 신자들에게 권면한다. 특히 동방 교회에 생생히 살아 있는 것처럼 그리스도와 마리아와 성인들의 성상이 예로부터 종교적으로 높이 평가되어 온 것도 이에 속한다.

과장과 과열에 대한 경고

그러나 교회사에서 많은 문제스런 태도가 전해지다시피 더러 설교자와 신학자에게마저 나타나는 몽매한 열성도 익히 아는 공의회는 "온갖 거짓 과장"에 대해 간곡히 경고한다. 마리아 공경을 바르게 재는 잣대는 양적이 아니라 질적일 수밖에 없다. 그래서 "거짓" 과장이라 한다. 이런 과장들은 옹졸한 마음에서 생겨나며 따라서 믿음의 깊디깊은 근원을 밝히기보다 오히려 감추기 때문이다. "과장"이란 무슨 뜻인가? 지나치게 미사여구로 열띠거나 자질구레 곁가지 문제에 맴돌거나 하는 행태들을 말한다. 이래서 마리아 공경에 대한 의구심이 조장된다. 이런 행태가 거부를 주장하기에 충분한 빌미들이 된다.

공의회는 마리아 교리와 마리아 신심의 바른 형태를 위해 어떤 기준을 제시하는가? 우선 "거룩한 신학의 영혼"(계시 헌장 24항)이라야 할 성서 연구를, 다음으로 교부들과 큰 신학자들과 교회 전례와 교도직의 발설들을 꼽는다. 성서와 교회의 전승에 그 원천과 접점이 있는 이런 방법론으로 공의회는 일치 운동 대화를 장려하며 "갈라진 형제들"에게 걸림돌이 될 수 있는 "말이나 글이나 행동"을 모두 피하는 그런 예수의 어머니에 관한 교리와 공경을 펼쳐 보인다. 좀더 잘보이려는 술수가 아니다. 바른 실천에서 갈라진 형제들이 "교회의 참된 교리"를 제대로 알아볼 수 있게 하자는 것이요, 틀린 실천에서 가톨릭 마리아 공경이 그릇된 판단으로 잘못 소개되지 않도록 하자는 것이다. 그래야 양쪽이 다 "구원 활동에서 차지하는 마리아의 역할에 관한"(일치 교령 20항) 보람찬 대화에 이를 수 있기 때문이다.

참된 경건이란 보이지 않는 하느님의 활동을 말하자면 손으로 만질 수 있는 일종의 느낌이라고들 생각하는 데에 흔히 문제스런 신심 행태의 근원이 있다고 공의회는 말한다. 참으로 그리스도인다운 경건은 무슨 벅차오르는 감정이나 쉽사리 믿고 싶어하는 충동이나 감상적인 기분이 아니다. 신심 수행 법칙을 꼬치꼬치 따르는 그런 준법도 아니다. 참으로 그리스도인다운 경건은 신앙에서 나오는 법이다. 신앙으로만 세상에서 하느님의 활동이 인식될 수 있다. 신앙으로만 구원 역사와 개인 생애에서 마리아가 뽑히어 이바지하신 것도 이해될 수 있다.

신앙만이 신학의 마리아론을 위한, 주님의 어머니께 대한 경건한 의례와 공경을 위해 바른 방향을 가리킨다. 신앙은 말하자면 내면에서 솟아나 그리스도교 신심을 형성하고 그 기준과 형태를 부여한다. "참된 신앙으로 우리는 천주 성모의 탁월함을 인정할 수 있고, 또 우리 어머니께 대한 자녀다운 사랑을 불러일으키고 그분의 덕행을 본받을 수 있다."

확실한 희망과 위로의 표지이신 마리아

68항: 그리고 예수님의 어머니께서는 어느 모로든 하늘에서 영혼과 육신으로 이미 영광을 받으시어 내세에 완성될 교회의 표상이 되시고 그 시작이 되시는 것처럼, 이 지상에서 주님의 날이 올 때까지(2베드 3,10 참조) 순례하는 하느님 백성에게 확실한 희망과 위로의 표지로서 빛나고 계신다.

교회 헌장 마리아 장을 마무리하는 8장 V절에 달린 제목은 "하느님의 순례하는 백성에게 확실한 희망과 위로의 표지가 되시는 마리아"다.

희망의 표지로 완성되신 마리아

여기서 공의회의 눈길은 천상 영광 속의 마리아를 향한다. 하늘에 올라 사람마다에게 약속된 완성을 이미 받으신 마리아는 오는 세상의 표상이요 시작이시다. 이미 지적했거니와, 교회는 마리아의 육신 승천을 마리아께 임의로 주어진 특권이라고 이해하지 않는다. 마리아가 영혼과 육신으로 받으신 천상 영광은 인간의 전인적 완성을 의미하되, 지금은 아직 모든 상상 가능성을 초월한다. 완성되신 예수의 어머니를 바라보는 사람마다의 마음에 자기 자신도 "영혼과 육신으로" 하느님에 의해 완성되리라는 희망이 열린다. "눈이 본 적도 없고 귀가 들은 적도 없으며 사람의 마음 속에 떠오른 적도 없는 것들을 하느님은 당신을 사랑하는 이들"(1고린 2,9)과 "그분께 희망하는 자들"(예레 64,3)을 위해 마련해 두셨다는 그 큰 목표에 이르리라는.

순례하는 교회는 마리아를 바라보면서 신앙의 희망을 위한 바탕이 되는 표지를 발견한다. 하느님이 힘찬 행위로 약속을 이행하신 증거를 만난다. 하늘에 올려지신 하느님의 어머니를 향한 눈길은 물론 모든 위로의 근원으로 향한다. 마리아에게서 우리의 인간 실존을 취하고 십자가에 못박히신 당신 아들을 아버지 하느님이 일으키셨다는 것이야말로 모든 위로의 근원이다(갈라 4,4-6 참조). 이 부활로 하느님이 당신의 "권능과 신성"(로마 1,20)을 입증하셨다. 당신이 마지막 시대에 "죽은 이를 살리고 없는 것을 있는 것으로 불러내시는"(로마 4,17) 하느님임을 계시하셨다.

예수의 부활은 한 차례 구원 행위만이 아니다. 하느님의 약속을 믿는 사람마다에게 나누어진다. 이 구원의 성취와 영생의 은혜를 입는 일이 먼저 "주님의 어머니"(루가 1,43)께 일어났다. "복되도다, 믿으신 분, 주님이 해 주신 말씀이 이루어지리니!"(루가 1,45; 참조: 11,28) 그래서 공의회는 마리아를 "확실한 희망과 위로의 표지"라고 일컫는다.

마리아에게서 마지막 시대 약속이 성취되었다

공의회가 여기서 새삼 강조하는 것은 아직 순례하는 교회와 이미 완성된 교회의 일치요 거기서 순례 교회가 길어낼 수 있는 희망이다. 마리아가 "영혼과 육신으로" 완성되셨다는 것을 예수 그리스도의 부활로 신자들에게 선사된 확신에 덧붙여진 것으로 이해해서는 안 된다. 마리아의 완성에 관한 신앙 표현들은 우리 희망의 유일한 근원이신(1베드 3,15 참조) 예수의 부활에 관한 신앙 표현들을 내용상 확장하려는 것이 아니다. 예수 안에서만 우리는 "하느님의 영광에 대한 희망을 자랑으로"(로마 5,2) 여길 수 있다. 아버지 하느님이 예수 그리스도 안에서 온 교회에 다짐해 주신 바 철회될 수 없는 약속이 마리아에게서 이미 성취되었다. 그래서 우리 자신도 "우리 몸의 속량을 기다리며"(로마 8,23) 하느님의 자녀로 드러나기를 고대하고 있다.

여기서 연상될 수도 있거니와, 히브리서 저자는 믿음에 지쳐 있던 자기 공동체에 활력을 불어넣고자 천상에서 완전해진 하느님 백성의 의인들을 상기시킨다. "여러분이 다가간 곳은 … 살아 계신 하느님의 도성 … 완전해진 의인의 영들이며 … 새 계약의 중재자 예수 …"(히브 12,22-24)라고. 모든 결정적 구원 사건과 신앙의 신비들을 일신에 아우르시는 마리아는 말하자면 성인 중의 성인으로서 저 "완전해진 의인의 영들" 가운데 계시다. 각 사람마다에게 약속된 완성을 "반영하시므로"(65항) 개선 교회의 지체로서 순례 교회 앞에 "확실한 희망과 위로의 표지"로 빛나신다.

69항: 갈라진 형제들 가운데에서도, 주님이신 구세주의 어머니께 마땅한 존경을 드리는 이들이 없지 않고, 특히 동방 형제들 가운데에는 평생 동정이신 천주의 성모 공경에 뜨거운 열정과 신심으로 함께하는 이들이 있다는 사실은 이 거룩한 공의회에 큰 기쁨과 위로를 가져다 준다.

모든 그리스도인은 천주의 모친이시며 사람들의 어머니이신 성모님께 간절한 기도를 바쳐야 한다. 당신의 기도로 교회의 시작을 도와 주시고 이제 모든 성인과 천사들 위에 들어 높여지신 성모님께서 모든 성인의 통공 안에서 당신 아드님께 전구하시어, 그리스도인의 이름을 지녔든 아직 자기 구세주를 모르든, 모든 인류 가족이 평화와 화합 속에서 하느님의 한 백성으로 행복하게 모여 지극히 거룩하신 불가분의 삼위일체 하느님께 영광을 드리게 되도록 기도하여야 한다.

1964년 11월 21일, 로마 성 베드로 좌에서

마리아 장의 이 마지막 항목으로 교회 헌장 전부가 끝난다. 공의회는 이 헌장에서 교회를 다루어 그 사명과 본질과 깊은 내면의 성격을 살펴보았다. 여기서 열린 지평이 이제 또 한번 포괄적 전망으로 확장된다. 곧, 삼위일체 하느님의 생명에 참여함으로써 이루어질 온 인류 가족의 완성을 내다보는 것이다. 갈라진 형제들 가운데도, 특히 동방 교회에야말로, 그리스도의 어머니께 "마땅한 존경을 드리는 이들"이 있다는 사실과 이 공유하는 마리아 공경이 일치 운동의 기회가 된다는 인식을 똑같이 중요한 동기로 삼아, 공의회는 인간이 "하느님과 이루는 깊은 결합과 온 인류가 이루는 일치"(1항)에 봉사하는 교회라는 그 기본 주제를 새삼 되짚는다.

하느님 구원 의지의 성사인 교회

교회의 자기 이해와 그 세상과의 관계에는 하느님 구원 의지의 체험이 새겨져 있다. 하느님이 삼위일체 사랑 속에서 당신 자신을 사람마다에게 선사하여 진리와 사랑

의 추구를 성취할 수 있게 하셨다. 공의회에 따르면 교회는 하느님의 포용적 구원 의지를 역사 안에 표출하는 "성사"다. 교회 공동체는 그리스도 안에 계시된 하느님의 사랑이 세상에 계속 활동하기 위한 표지요 도구다.

마리아는 예수 생애의 시초에 믿음으로 강생에 협력하신 것처럼(루가 1,38 참조), 또 교회의 시초에 성령의 불에서 하느님 백성이 태어나기를 기도하신 것처럼(사도 1,14 참조), 지금도 기꺼이 "모든 성인의 통공 안에서 당신 아드님께 전구"하신다. 이미 말했듯이 이것은 피조물이 하느님의 뜻대로 구원 계획의 역사상 수행에 협력하는 바로 그것이다. 장차 재림 때의 완성이라는 면에서 보면, 그리스도께서 마리아와 모든 성인의 대변에 연대하여 당신 구원 의지의 도구인 교회를 통해 하느님과 인간의 일치와 인간 상호간의 일치를 실현하실 것이다(1항 참조). 무릇 그리스도의 몸인 모든 지체가 표양과 기도를 통해 울력하여, 그리스도교 신앙을 이미 고백하는 이든 아직 추구하는 이든 지상의 만민이 "평화와 화합 속에서 하느님의 한 백성으로 행복하게 모이도록".

하느님 삼위일체 안에서의 완성

예수께서 선포하신 하느님 나라는 마지막 시대의 완성으로 넘어갈 때 비로소 완전히 시행되기에 이르러 있을 것이다. 모든 것이 "지극히 거룩하신 불가분의 삼위일체 하느님께 영광을 드리게 되도록"이라는 교회 헌장 끝 문장의 말은 경건하기만 하려는 빈 소리가 아니다. 여기서 헌장 전체가 대단원을 이룬다. 첫머리에 교회를 가리켜 그리스도 안에서 하느님과 인간 상호간 일치의 성사라고 말한 바 모든 것이 하느님의 삼위일체 사랑에 비추어서야 비로소 완전히 통찰되기 때문이다.

구체적으로 완성은 순례 교회와 개선 교회가 하나로 결합되면서 이루어질 것이다. 그때 온 교회가 시대들의 마지막에 이르러 영원히 "성부와 성자와 성령의 일치로 모인 백성"(4항)이 될 것이다. 그때 교회가 모든 성인과 일치하여 나타나서, "의인 아벨부터 마지막 뽑힌 사람까지 아담 이래의 모든 의인이 보편 교회 안에서 하느님 아버지 앞에 모이게 될 것이다"(2항) — 예수의 어머니 마리아와 함께, 사도들과 함께, 교회 공동체 안의 모든 형제자매와 함께(사도 1,14 참조). 이 완성의 때에 성령의 인도로 만민이 하느님 백성을 이루어 예수 그리스도의 이름을 알아뵙기에 이를 것이다. "사람에게 주어진 이름 가운데 우리가 의지하여 구원받아야 할 다른 이름은 없습니다"(사도 4,12).

마무리
몸소 교회이신 마리아

2차 바티칸 문헌들에 여러 모로 나타나듯이, 마리아를 거론할 때면 우선 일단 그리스도교 인간상도 다루게 마련이다. 사실 그리스도교의 인간 이해를 표현하는 수많은 낱낱의 문장이 마리아 교리 속에 말하자면 다발처럼 뭉뚱그려져 있다. 그러니 마리아론이란 인간론이라고 이해해도 무방하다. 그러나 마리아의 인간 실존은 그 핵심이 어디 있는가? 대답은 간단하다. 하느님이 베푸시는 은총에 있다! 하느님 당신의 구원 의지야말로 마리아 자신과 마리아의 사명을 철두철미 규정짓는다. 마리아를 보면서 우리는 말하자면 한자리에서 한꺼번에 하느님께 열려 있는 인간을 만나는 동시에 인간에게 은총과 구원과 사명을 주시는 하느님을 만난다.

마리아가 은총을 입으심은 그러나 ─ 이것이 아마도 공의회가 지적하려 한 단연 중요한 점이려니와 ─ 사사로운 종교적 관심사가 아니다. 은총에 힘입어 나온 "예" 말씀으로 마리아는 "주님의 어머니"(루가 1,43)라는 구원사상 사명을 받아들이신다. 이 임무와 마리아 일신의 성덕이 맞아떨어진다(루가 1,28 참조). 하느님이 당신 은총을 인간에게 선사하심은 모름지기 각자가 은총을 입음으로 해서 그리스도의 몸인 온 교회가 갖가지 은사와 봉사직을 통해 건설되기 위해서다(1고린 12,7 참조).

여기서 가톨릭 마리아론에 암브로시오의 자취가 새겨진 옛 원리가 적용된다. "인간은 성덕과 은총을 더 많이 입을수록 더 크게 공동체를 향해 열린다."[8] 이 원리에서 나오는 것이 마리아는 포용적으로 전구하는 중개권을 천상 영광 속에서 최종적 완덕의 힘으로 행사하신다는 것이다. 거듭 강조하거니와, 여기서 "중개"라는 개념을 그리스도의 구원 활동과 혼동하여 이해해서는 안 된다. 마리아의 전구와 중개가 거론될 때는 그리스도인들의 결속이 하나인 그리스도의 몸에서 구체적으로 어떻게 표출되는지가 묘사된다. 공의회는 마리아의 사명을 분명히 교회의 사명 속에 배열함으로써 모든 왜곡하는 상상을 일축했다.

가톨릭 신학을 위해 마리아 공경이 그다지도 중요하고 포기할 수 없는 것인 까닭인즉, 거기서 그리스도교의 인간관과 은총관과 ― 공의회가 전개하듯이 ― 교회관에 대한 단연 중요한 통찰들이 생생하게 구체적으로 표출되고 있기 때문이다. 경이로운 공동체 관계로 인간

---

[8] 암브로시오Ambrosius 「동정」*De Virginitate* I, 51.

을 하느님과 결합하고 해방할 수 있는 은총의 힘이 마리아에게서 선명하게 드러난다. 순례하는 교회가 바라보는 마리아의 모습은 교회 자신과 그 사명의 원형만이 아니라, 하느님이 교회와 온 인류의 눈앞에 시대를 통과하는 길을 밝히도록 세워 주신 위로와 격려의 큰 표지다.